第六册

中华传统文化
走进齐文化 6

《中华传统文化——走进齐文化》编委会 编

中国社会科学出版社

图书在版编目(CIP)数据

中华传统文化:走进齐文化:全十二册/《中华传统文化——走进齐文化》编委会编． —北京：中国社会科学出版社，2023.6（2023.11重印）

ISBN 978-7-5227-2077-7

Ⅰ.①中… Ⅱ.①中… Ⅲ.①齐文化—青少年读物 Ⅳ.①K871.3-49

中国国家版本馆 CIP 数据核字(2023)第 105321 号

出 版 人	赵剑英
责任编辑	孙婷筠
责任校对	牛　玺
责任印制	戴　宽

出　　版	中国社会科学出版社
社　　址	北京鼓楼西大街甲 158 号
邮　　编	100720
网　　址	http://www.csspw.cn
发 行 部	010-84083685
门 市 部	010-84029450
经　　销	新华书店及其他书店
印刷装订	北京君升印刷有限公司
版　　次	2023 年 6 月第 1 版
印　　次	2023 年 11 月第 2 次印刷
开　　本	710×1000　1/16
印　　张	95
字　　数	1505 千字
定　　价	163.00 元(全十二册)

凡购买中国社会科学出版社图书，如有质量问题请与本社营销中心联系调换
电话：010-84083683
版权所有　侵权必究

《中华传统文化——走进齐文化》编纂委员会

主　　任：崔国华
副 主 任：张锡华　王先伟　刘建伟　段玉强　王　鹏　冷建敏
　　　　　刘　琳　罗海蛟
名誉主任：张成刚　刘学军　宋爱国
委　　员：（以姓氏笔画为序）
王　宏　王　凯　许之学　许跃刚　孙正军　孙林涛　孙镜峰
李安亮　李新彦　李德乾　张建仁　张振斌　韩相永　路　栋

《中华传统文化——走进齐文化》编审人员

主　　编：徐广福　李德刚
副 主 编：王　鹏　朱奉强　许跃刚　李新彦　吴同德　于建磊
　　　　　闫永洁
编写人员：（以姓氏笔画为序）
于孝连　王会芳　王桂刚　王景涛　边心国　齐玉芝　李东梅
张爱玲　赵文辉　高科江　袁训海

《中华传统文化——走进齐文化》本册编委

本册主编：庞佃花
副主编：袁训海
编　者：于　明　　于　越　　仲萃萍　　赵丽萍
　　　　寇　洁　　陈洁白　　徐丽丽　　赵　玲
　　　　陈　云　　孙　鹤　　李　岩　　蒋英花
　　　　李欣宇　　于萍颐　　张玉英　　杨广丽
　　　　石　铃　　安金红　　李　燕　　崔　红
美术编辑：李海东

前　言

齐文化是中华民族传统文化的重要组成部分，它所具有的鲜明的开放、包容、务实、创新的文化精神，不仅在我国古代社会产生过重大影响，而且已经穿越时空，历久弥新，对今人依然有许多启迪和借鉴意义。

《中华传统文化——走进齐文化》编写委员会以教育部《完善中华优秀传统文化教育指导纲要》为指针，从传统文化与时代精神的结合上把握齐文化的特点，遵循青少年身心发展规律和教育规律，面向中小学生，一体化设计本书的编写内容与编写体例，使本书由浅入深，由分到总，由具象到抽象，由感性到理性，点面结合，纵向延伸，呈现出层级性、有序性、衔接性和系统性。

本书编写以"亲近齐文化—感知齐文化—理解齐文化—探究齐文化"为总体编写思路。

小学低年级（一至二年级），以滋养学生对齐文化的亲近感为侧重点，开展启蒙教育，培育热爱齐文化的情感。

小学高年级（三至五年级），以提高学生对齐文化的感知力为侧重点，开展认知教育，使学生了解齐文化的丰富多彩。

初中阶段，以增强学生对齐文化的理解力为侧重点，开展通识教育，使学生了解齐国历史的重要史实和发展的基本线索，以及齐地风俗，赏析齐国的文学艺术和经典名著选段，提高对齐文化的认同度。

高中阶段，以提升学生对齐文化的理性认识为侧重点，开展探究教育，引导学生认识齐文化形成与发展的悠久历史过程，领悟齐人创造的物质文化、制度文化和精神文化，探究齐文化的重要学说，发掘齐文化的历史价值和现实意义，弘扬和光大齐文化。

基于上述编写的指导思想与编写思路，本书在编写过程中与时俱进，注重齐文化教育与践行社会主义核心价值观相结合，齐文化教育与时代精神相结合，课堂学习与实践教育相结合，学校教育、家庭教育与社会教育相结合。

正如经济领域有第一产业、第二产业、第三产业一样，教育领域也有第一课堂、第二课堂、第三课堂。本书的编写意在为中小学生的第三课堂提供一套系统化的齐文化"课程"。从小学一年级到高中三年级共计十二册，学生经过十二年的序列化学习，逐步深入了解齐文化、继承齐文化，并创新性地发展齐文化。青少年学生通过亲近、感知、理解、探究齐文化，以此弘扬爱国主义精神，培养家国情怀，提升文化自信力，为实现中华民族伟大复兴的中国梦奋然前行。

《中华传统文化——走进齐文化》编委会

2023年2月

目　录

第一单元　齐国史话

第1课　齐国由来…………………………………2
第2课　太公封齐…………………………………6
第3课　庄僖小霸…………………………………10
第4课　春秋首霸…………………………………13

第二单元　齐风韶韵

第5课　齐地神话…………………………………18
第6课　古诗四首…………………………………21
第7课　音乐理论…………………………………24
第8课　艺海拾贝…………………………………28
活动探究　齐国神话故事会……………………32

第三单元　《管子》文选

第9课　明法………………………………………35
第10课　牧民………………………………………38
第11课　心术………………………………………42
第12课　治国………………………………………45

第四单元　《晏子春秋》文选

第13课　景公饮酒酣………………………………49
第14课　曲潢之上…………………………………53
第15课　景公登射…………………………………57
第16课　仲尼之齐…………………………………60

第五单元 《六韬》文选

第 17 课 　文师 ································· 65
第 18 课 　盈虚 ································· 72
第 19 课 　举贤 ································· 76
第 20 课 　兵道 ································· 80

第六单元 　稷下论坛

第 21 课 　仁者无敌 ····························· 85
第 22 课 　人性本善 ····························· 89
第 23 课 　修身 ································· 93
第 24 课 　性恶 ································· 97

第七单元 　《考工记》文选

第 25 课 　百工 ································ 102
第 26 课 　兵器 ································ 105
第 27 课 　建筑 ································ 108
第 28 课 　良弓 ································ 112

第八单元 　齐国风尚

第 29 课 　尚武崇智 ···························· 116
第 30 课 　尊贤尚功 ···························· 120
活动探究 　走进齐国风俗 ······················ 123

附 1：周代齐国年表 ····························· 125
附 2：周代齐国历史大事记 ······················ 128

第一单元　齐国史话

齐国，是周朝诸侯国之一，其国土范围在今山东省东北部，面临大海，是周王朝开国功臣姜尚（姜太公）的封国。都城就设在现在我们居住的地方——临淄。

公元前689年，齐襄公灭纪，扫除东面障碍。公元前687年，齐桓公立，任用管仲进行改革，国力富强，成为霸主。到灵公、景公时，齐国依旧是仅次于晋的中原强国。后经数百年，直至公元前379年，康公卒，姜齐绝祀，田齐取而代之，国都仍在临淄，此时已经进入战国中期。齐桓公午在稷下设置学宫，招聚天下贤士，使临淄成为东方学术文化的中心。齐威王任用邹忌为相，改革政治，齐国成为战国七雄之一。战国晚期，齐仍保持着强国的地位。公元前284年，燕国合五国之军力攻齐，齐国大败，转入衰落。公元前221年，秦国攻齐，俘虏齐王建，齐国灭亡。

齐国的兴亡史中，在军事、政治、经济、文化各个方面都有领先于当时其他诸国的独特优势。我们的齐文化学习，就从这篇《齐国史话》开始。

第1课　齐国由来

我们所在的临淄，古称齐国。但"齐国"是怎么来的呢？姜太公建国，为什么要以"齐"作为国名？"齐"究竟有什么含义？齐地还有哪些名字？

其实，"齐"的名称在姜太公建国以前就已经存在了，齐国之所以称"齐"，是沿袭了旧称。早在殷商之时，临淄这一带就称"齐"。《中国历史地图集·商时期中心区域图》，标注"齐"为城邑。历史学家郭沫若认为："齐当齐国之前身，盖殷时旧国，周人更之，别立新国而仍其旧称也。"由此可见，齐国的国名"齐"源自齐地之"齐"。

国名"齐"是来自于地名"齐"，那么，齐地之"齐"又是因何而来的呢？

历来学术界对这个问题存有争议，主要观点有以下三种：

天齐渊

第一种观点认为,"齐"之得名,与天齐渊有关。《史记·封禅书》言:"齐之所以为齐,以天齐也。……天齐渊水,居临淄南郊山下者。"也就是说,因为当时这个地方有个"天齐渊",所以,这里就因渊名而叫"齐"了。在古代,"齐"字与"脐"字相通,故"天齐"的意思是天的肚脐、天的中心,当时的人以为自己居住的地方,就是"天的中心",所以称之为"齐"。有的学者认为,这种想法和说法,产生于齐国称霸之后还可以理解,但是,如果用这种说法来解释"齐"这个地名的来由,不免有些牵强。但不管怎样,这也是"齐"字来由的说法之一。

第二种观点认为,"齐"之得名,与小麦、与农业种植有关。因为,从字意上说,齐的古义是"禾麦吐穗,上平"的意思;而且从甲骨文、金文"齐"字的字型分析,"齐"字很像小麦吐穗的形状;又加上临淄地区自古以来农业发达,所以,"齐地"就有小麦种植区之意。

第三种观点认为,"齐"之得名与弓箭及东夷的尚武习俗有关。"齐"字在甲骨文和金文中,很像三枚箭头,联系"夷"字的字形是人背大弓,再联系东夷人发明弓箭、崇尚武功的史实,以及东夷先民后羿射日的传说,后人得出:齐地是"崇尚弓箭的东夷人所居中心之地"的意思。

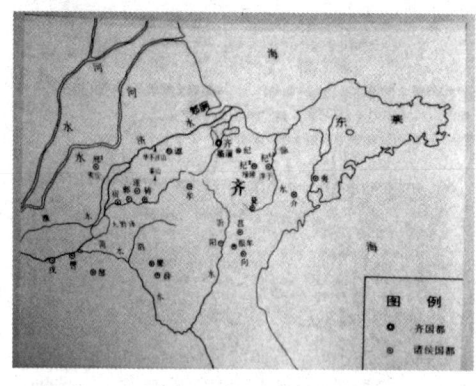

古齐国地图

齐国是周朝的诸侯国,春秋五霸、战国七雄之一。

公元前1045年,姜子牙因辅佐武王灭商有功,被封于营丘(临淄),建立齐国,史称"姜齐"。

太公行富民强国之政,实行了"因其俗、简其礼"的政策,蔚成泱泱大国之风。春秋中期,齐桓公任用管仲为相,以"尊王攘夷"为号召,改革内政,称霸诸侯。到灵公、景公时,齐依旧是仅次于晋的强国。其疆域东到大海,西到黄河,南至泰山,北达无棣水(今河北盐山南),幅员辽阔,国势强大。

春秋末年,卿大夫相互兼并,齐国开始渐渐衰落。

战国初年,陈国公子田完(原姓陈,后改姓田)的世孙势力日逐强大,并开始把持政权。公元前391年,田和放逐齐康公,自立为齐君,即齐太公。公元前386年正式列名诸侯。公元前379年,齐康公死,齐国完全为田氏齐国所取代,这一历史事实,被称作"田氏代齐",齐国从此进入"田齐"时代。此后的齐国,国都仍在临淄,疆域依然沿袭了姜齐的旧制。田齐立国时,已经进入战国中期,到威王、宣王时,齐国开设了稷下学宫,招聚天下贤士,形成了"百家争鸣"的局面,古临淄地区也成为东方学术文化的中心。同时,齐威王任用邹忌为相,改革政治,齐国进一步强盛。齐宣王时,齐国成为战国七雄之一。但到了战国晚期,齐国再次由盛转衰。公元前221年,秦国在先后灭掉了韩、魏、楚、燕、赵诸国之后,派将军王贲从燕地向南攻打齐国,俘虏了当时的齐国国君齐王建,齐国灭亡。

陈姓的来源

陈姓出自妫姓,其始祖为妫满,字少汤,为虞舜之后裔。据《通志·氏族略》

所载，妫满的父亲阏父，曾做过周文王时的陶正。公元前1046年，周武王封妫满于陈地，为陈侯，还把女儿太姬嫁给了他，称为胡公满。胡公满传至十世，陈国内乱，陈厉公的儿子完怕株连自己，就出奔到齐国，称陈氏。除了陈完这一支主系外，还有三支胡公满的子孙姓陈，一是陈哀公之子留，避居陈留。二是陈泯公之长子陈衍，避居阳武户牍乡。三是陈泯公次子陈孟琏，居于固始，其后因无子，便以颖川陈实为嗣子，遂融入颖川陈氏。

 课外拓展

姜太公建国后，实行了"因其俗、简其礼"的政策，主要表现在以下几个方面：一是在政治上尊贤尚功，二是在经济上"便鱼盐之利"，三是在对民众的编制上实行平易近民的软控制，四是保留了"书社"的活动和敬祖、祭天、盟誓等社会民俗。姜太公的"因其俗，简其礼"的开国立政纲领和政策，为齐国的国力强盛和经济发展开辟了广阔的道路，使齐国的发展有了一个很好的开端。

 分享交流

1. 你所知道的齐国的历史名人有哪些？
2. 课外拓展：搜集一些齐国的历史资料，然后分析齐国在春秋战国时期的地位。
3. 找一些有关齐人、齐地的故事、传说，讲给别人听。可适当进行联想和想象。
4. 关于"齐"字的由来，你认为哪一种最合理？请讲一讲你的理由。
5. 临淄的天齐渊（名胜）、天齐路（道路）、天齐宾馆（处所）各在什么地方？在地图上标出来。

第2课　太公封齐

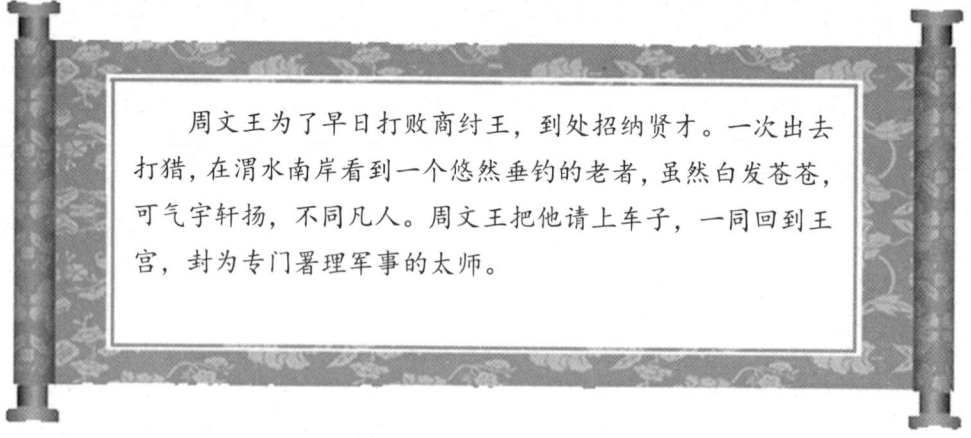

周文王为了早日打败商纣王，到处招纳贤才。一次出去打猎，在渭水南岸看到一个悠然垂钓的老者，虽然白发苍苍，可气宇轩扬，不同凡人。周文王把他请上车子，一同回到王宫，封为专门署理军事的太师。

商朝灭亡，周朝建立。但是，周朝对古代青州的统治并不稳固。商纣王死后，他的儿子联合"东夷五侯"即奄、徐、盈、熊、蒲姑，进行复国战争。这就是"武庚叛乱"。面对严峻的局势，年幼的周成王在叔父周公和姜太公的辅佐下，进行东征，平定了五侯之乱。为防止叛乱再次发生，建立了齐、鲁等诸侯国，作为王室的屏藩。姜太公被封为齐侯，建都营丘，重点统治曾帮助武庚叛周的蒲姑遗民。

当时，齐地诸国林立，势力强盛，其中实力强大者不下十余国。周朝建立以后，他们也仍然因疑忌周王朝的征讨而与周对立。这样周王朝的东部边境就难以安宁。因此，让一个熟知东夷地理风土、人情，且又智谋权变之人去镇守东方，那

太公垂钓图

是再好不过了，而太公姜尚出身东夷，熟悉当地情况，且又老谋深算，机智权变，正符合这一要求。况且太公辅佐武王伐纣兴周，为西周三公首辅大臣，功盖天下，正可以封齐以奖其功，也可以威慑诸夷以靖边患。

姜太公到任后，贯彻"因循为用"的务实思想，采取"因其俗，简其礼"的政策，尊重当地的风俗，简化繁杂的礼仪，施行简明政治，得到当地原住居民的拥护。

他首先举贤尚功，就是选拔有才德、有建树的人，给爵位，授实权，让他们在国家建设中发挥应有的作用。对通过考核符合选贤标准的人，不分亲疏，均用其所长，并督创实绩，最大限度地发挥他们的积极性和创造性。

姜太公

因俗简礼，就是因东夷土著之俗，简化西周的繁礼，以适应当地的民情。从齐地民俗的特点出发，两相结合，创造了既让齐民乐于接受、又不太背于周礼的新制，从而调动了齐民兴齐建设的积极性，开改革开放的先河。

通商工之业，便渔盐之利。一方面，太公重视自然资源的开发，发展桑蚕丝织，发展鱼盐捕捞，积累了大批的商品资源；另一方面，他重商业贸易，发展与各国的通商贸易，使齐国货物遍销天下，以实现财蓄货殖、富民强国的目标。从而在不长的时间里，在"地薄人稀"的荒僻之地崛起了"世为强国"的大齐。

姜尚，字牙，或尊称"子牙"，其先人伯夷封于吕，以国为氏，因而也称吕尚。史称他"生而早慧，预知未来"。自幼喜好学道修礼，画阵比战。年长后进一步精研传统推数之术，善于洞察时事，分析形势，应时权变，是殷周间的一个伟大的政治家、军事家、经济改革先驱人物。后求贤主入西周，周文王拜他为师。他以文韬武略，首功封齐，创建了东方大国——齐国的千载基业。

姜尚虽抱补天凌云壮志，但仕途不畅，曾经历 "屠牛朝歌、卖食棘津"，长期流荡和隐居避世的生活。《史记·齐太公世家》载："或曰太公博闻，尝事纣，纣无道，去之。游说诸侯，无所遇，而卒归周西伯。"在他七十多岁的时候，才遇西伯姬昌访聘，开始了他佐周文、武两王修德安国、强兵兴邦、兼济天下的宏图大业。

姜太公祠

姜太公祠是省级重点文物保护单位，也是山东省一处重要的道教活动场所。位于临淄城区，1993年以姜太公衣冠冢为依托而建，总占地30000平方米，是一组中国传统的中轴对称、殿堂庙宇建筑。东配殿为五祖殿，供奉着道教的五位先祖：东华帝君王玄甫、张道陵、王重阳、吕洞宾、丘处机，西配殿内为五贤殿，供奉着齐国著名的军事家田单、田穰苴、管仲、孙武、孙膑。主殿供奉着姜太公、丁公吕及第十二代孙，即春秋五霸之首齐桓公。

 课外拓展

1. 搜集一些姜尚治理齐地的历史资料，归纳一下他为治理齐国采取了哪些措施，分析其在当时社会发展中所起到的作用，并找一些有关姜尚的故事，讲给别人听。

2. 根据历史史实，创编一出《太公治齐》的小话剧。人物、情节、事件等可以适当地虚构，但不能违背历史史实。如果有条件，可以在班里演一下。

第 3 课　庄僖小霸

> 太公吕尚去世后,齐国和鲁国的关系迅速恶化。齐国国内民怨四起,很多诸侯国都对齐国虎视眈眈,直到齐庄公、齐僖公相继继位,政局才相对稳定,元气渐渐恢复。随着国内局势的稳定,齐国开始积极对外扩充版图,并且多次会盟诸侯,史称"庄僖小霸"。

齐庄公,姓吕名购,中国诸侯争霸时代齐国的第十二任国君,称为齐前庄公。他的父亲是齐国第十一任国君齐成公吕脱。公元前795年,齐成公死,齐庄公继位,齐国开始进入休养生息的时期,国家不安定的局面得以改观。公元前731年,齐庄公死,其儿子吕禄甫继承君位,为齐僖公。

齐庄公吕构

齐僖公是齐国的第十三任国君。齐僖公在位时期,多次主持多国会盟,平息宋国与卫国之间的争端,以宋国、郳国不向周天子朝觐而出兵讨伐,平定许国、宋国内乱,与郑国击败狄戎,使齐国形成小霸局面。

齐庄公在位 64 年，是春秋战国时期在位最长的国君，由于他在位时间很长，使得刚刚经历了长达 70 年内乱的齐国，得以在长时间稳定的情况下恢复元气。吕购晚年基本使齐国处于小霸的地位，为齐僖公主盟诸侯、齐桓公九合诸侯打下军事、政治、经济基础。他是一位英明、有为、能干的国君，他以稳定的治国政策，给齐国创造了一个良好的发展环境，在诸侯国之间有了相对较强的实力。

僖公征战

如果说齐庄公在于开拓，齐僖公则偏于联盟。

首先，齐僖公采取灵活的外交政策，与郑国联合。公元前 720 年冬天，齐、郑在石门（今山东省长清县西南约七十里）会盟。郑国是与周王室亲缘关系最近的国家。联盟之后，郑庄公为了感谢齐僖公，于公元前 715 年 8 月，以周王朝卿士的身份引荐齐僖公朝见周天子，这在当时是非常重要的礼仪待遇，他也尽量表现了尊王姿态。

其次，他联合鲁国。鲁国与周王室的关系不同一般，是周天子在东方的代表。齐国要打尊王的旗帜就要与鲁国搞好关系。齐僖公十四年（公元前 717 年）齐、鲁两国在艾地（今山东省沂源西南）会盟，结成盟友。

最后，他主持多国会盟。齐僖公分别做通了郑国、宋国、卫国的工作，于齐僖公十六年（公元前 715 年）七月，与宋、卫两国的国君在温地（今河南省温县西南二十里）会商，协调好之后，随即又在瓦屋（今河南省温县北）结盟，使郑、宋、卫等国之间连续攻伐的局面结束。齐僖公主持了这次会盟，确实有功于世。这次结盟使中原停止了战争，在诸侯国中引起了很大反响，得到了列国的敬佩。齐国因为这些结盟，避免了参与战争而消耗实力，使国力继续壮大，成为"小霸"。

霸

一提起"霸"，很多人往往和现在常用的"霸权主义"联系起来，认为西周春秋时期的"霸业"之"霸"是一个贬意词，有大国欺凌弱小的国家的意思。其实不然，在古代，"霸"字就是"伯"字的假借字，原意是诸侯之长，也就是周代诸侯各国的首领的意思。《左传》僖公四年载管仲语，谓周初召公奭曾命太公望"五侯九伯，女实征之"，杜注"五等诸侯，九州之伯"。若依此说，周初即有方伯（即霸主）之称。春秋时期，以"伯"指"方伯""霸主"。齐国的国佐曾说："五伯之霸也，勤而抚之，以役王命。"表明当时的人已经有了明确的霸主的概念，并且指明了成为霸主的两个最基本的条件：安抚诸侯、尊崇王命。

1. 庄僖小霸对齐桓公称霸起到了什么作用？
2. 你能和同学们一起，设想出《齐僖公瓦屋会盟》的弘大场面吗？

第4课　春秋首霸

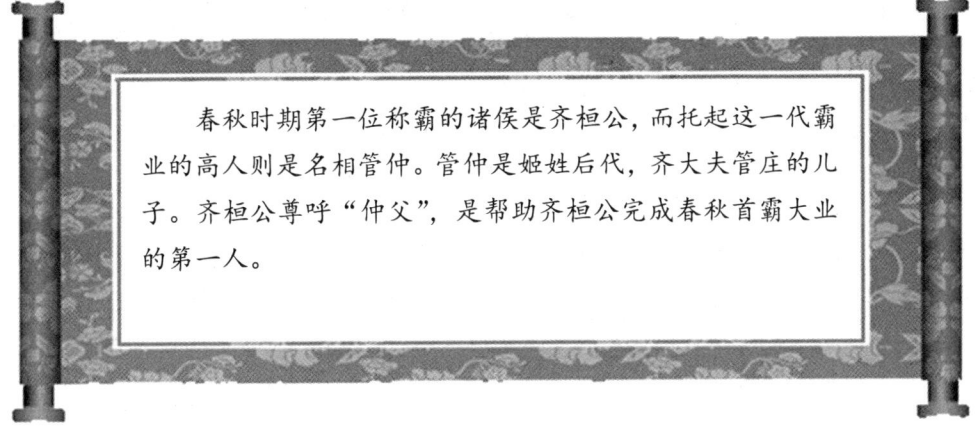

　　春秋时期第一位称霸的诸侯是齐桓公,而托起这一代霸业的高人则是名相管仲。管仲是姬姓后代,齐大夫管庄的儿子。齐桓公尊呼"仲父",是帮助齐桓公完成春秋首霸大业的第一人。

　　齐襄公荒淫残暴,兄弟和大臣纷纷逃避到国外。连姜纠和姜小白也各在管仲和鲍叔牙护卫下,避难于鲁国和莒国。

　　公元前686年(周庄王十一年),齐襄公被大夫连称和管至父杀死。第二年,新君公孙无知又死在大夫雍廪之手,齐国一时处于纷乱无君的状态。于是,姜纠在鲁国军队和管仲护送下,姜小白在鲍叔牙等人陪伴下,兄弟俩同时赶回齐国抢夺君位。弟兄俩在途中相遇,发生战斗,管仲一箭射中姜小白腰带钩上,姜小白急中生智,倒下佯死。管仲和姜纠以为姜小白真的中箭,便放慢了行进速度。而公子小白却藏在一辆密闭的车里,抢在姜纠之前,进入齐国,当上国君,即齐桓公。

齐桓公重用宁戚

中华传统文化

齐桓公结盟称霸

　　管仲到齐国那天，齐桓公赶至郊外举行了隆重的欢迎仪式。事前，桓公还特意再三沐浴薰香，一见面就向管仲请教治理齐国之术，管仲也毫无保留地陈述了治国方略和改革计划，得到桓公的赞赏和支持施行。这些计划，使齐国迅速富强，也把齐桓公推上了中原霸主的宝座。

　　管仲认为，治国之本，在于"顺民心"；治国之道，"必先富民"。管仲有一句千古名言："仓廪实而知礼节，衣食足而知荣辱。"他认为，民富了，国富、政安、兵强、霸业这四方面都有了前提。他主张在改革经济和政治制度使民富裕的基础上，采取若干巧妙的财政措施，使国库充实。富民政策一可以带来民众对政府的向心力，二可对社会秩序的安定起到很重要的作用。管仲的富民政策，以及相伴的富国政策，在为民众富裕和官府财政收入方面建立相应的机制。

　　他主张建立起从中央到基层的严密的行政军事组织与官僚机构不拘一格选贤任能和官吏考绩制度，使全民绝对服从政令、军令的机制，以及建立起一支最强大的常备军。凭借富国和强兵的实力，打出"尊王攘夷"旗号，运用军事、经济和外交手段，称霸天下。除了建立起一套中央集权的政治、军事制度外，还教齐桓公以刑赏为手段使臣民效命，进一步强化了君权。

管仲为了提高统治机构的威信和效率，实行"察能授官"和各级官员荐贤举能责任制，规定不论出身，只要聪明好学、孝友义行、武艺出众者，均可被选用，并以刑罚强令各级官员如实举报人才和不孝不友、横暴乡里、违抗官府者。这样就形成了"匹夫有善，可得而举也；匹夫有不善，可得而诛也"和"故民皆勉为善"的良好局面和风尚。管仲还建立了对官吏进行考绩的"三选"制，有效地防止了官员的舞弊堕落，规定每年各级长官必须推荐有政绩的下属官员。齐桓公亲自考察这些被推荐者，再让他们回岗位进一步测评，其中佼佼者，拔为上卿佐吏。这种"三选制"，成为后代官吏考绩制度的标准。

管仲这一系列经济、政治、军事的改革，使齐桓公凭借齐国强大的经济、军事实力和巧妙的外交策略，成为春秋时期第一位霸主。

 知识链接

古代会盟，把牲畜的血涂在嘴唇上表示敬意和诚意，当时各国诸侯会时必须举行订盟仪式，即歃血为盟，是以歃血表示起誓于天地鬼社，相互间要坚守信用。具体做法是：如今诸侯会盟者，必须割牛耳取血，参与会盟的诸侯把血涂在自己的嘴唇上然后发誓订盟。牛耳采用珠盘来盛，由召集会盟的盟主拿着。当时诸侯会盟歃血要执牛耳、用牛血，后世就把在某一领域的权威或领袖称之为"执牛耳者"。

 课外拓展

1. 借助史书或网络，详细了解管仲当时的"富民"政策。

2. 除了经济方面之外，在军队建设、外交关系等方面，管仲为齐国"春秋首霸"的形成做了哪些事情？

3. 查一查"管鲍之交"说的是什么故事，并说给同学们听。在二人交往的过程中，你看到了管仲什么样的胸怀？

4. "春秋首霸"的形成，管仲居功至伟。但作为霸主的齐桓公，在其中又起到了什么样的作用呢？查一下资料，回答一下这个问题。

第二单元　齐风韶韵

　　齐国故都临淄素来有"地下博物馆"之称，我们作为齐人的后人，沐浴着三千年的齐风韶韵，追随着历史典故人文，回味着我们的先人为我们留下的珍贵记忆、远古故事，史书典籍、出土文物和古迹遗址，体会它的辉煌和沧桑，感受着从远古齐国吹来的风、飘来的韵，总会油然而生一种自豪的心情。

中华传统文化

第5课　齐地神话

　　古齐国、齐地，流传下来的神话故事并不多，但有一个神话故事却几乎是家喻户晓的。那就是《精卫填海》。精卫，是古代神话中的鸟名。

　　相传，炎帝之小女儿名叫女娃，到东海里去游泳，不幸溺水身亡。她深恨夺走了她的生命、经常给人们带来灾难的大海，就化身为一只精卫鸟，经常衔西山之上的草木、石块，去填平大海。后来，人们用"精卫填海"来比喻仇恨极深，立志报复，也用作比喻意志坚决，不畏艰难。后世人们也常常以"精卫填海"比喻志士仁人所从事的艰巨卓越的事业。

　　"精卫填海"是中国远古神话中最为有名，也是最为感人的故事之一，世人常因炎帝小女儿被东海波涛吞噬化成精卫鸟而叹息，更为精卫鸟衔运西山木石以填东海的顽强执著精神而抛洒热泪。

　　后世的人们同情精卫，钦佩精卫，把它叫做"冤禽""帝女雀""志鸟"，并在东海边上立了个古迹，叫做"精卫誓水处"。

精卫填海图

走进齐文化 六

 经典诵读

……又北二百里，曰发鸠之山[1]，其上多柘木[2]，有鸟焉，其状如乌，文首[3]，白喙，赤足，名曰"精卫"，其鸣自詨[4]。是炎帝之少女[5]，名曰女娃。女娃游于东海，溺而不返，故为精卫，常衔西山之木石，以堙[6]于东海。——《山海经》

 文选注释

【1】发鸠之山：古代传说中的山名。

【2】柘木：柘树，桑树的一种。

【3】文首：头上有花纹。文，同"纹"，花纹。

【4】其鸣自詨：它的叫声是在呼唤自己的名字。

【5】炎帝之少女：炎帝的小女儿。

【6】堙：又作"湮"，填塞。

 文选翻译

……再向北走二百里，有座山叫发鸠山，山上长了很多柘树。树林里有一种鸟，它的形状像乌鸦，头上羽毛有花纹，白色的嘴，红色的脚，名叫精卫，它的叫声像在呼唤自己的名字。这其实是炎帝的小女儿，名叫女娃。有一次，女娃去东海游玩，溺水身亡，再也没有回来，所以化为精卫鸟。经常叼着西山上的树枝和石块，用来填塞东海。

 知识链接

古代神话

产生于原始社会野蛮时期的低级阶段，起源于劳动。是远古人类通过想象和幻

19

想，对所观察或经历的自然界和社会现实的解释和说明，反映着他们试图解释并征服自然或社会的愿望。中国古代神话散见于《诗经》《楚辞》及《庄子》等书，主要收集在《山海经》之中。主要有创世神话、始祖神话、洪水神话、战争神话和发明创造神话等。一般都运用观物、感物、情感体验和隐喻、象征等具体形象的思维特征，表现忧患意识、厚生爱民意识以及反抗精神等内容，是中国文学的宝库和土壤。

 课外拓展

炎帝在爱女溺水身亡后，悲痛欲绝，遂下令实行三项海禁政策：不许百姓出海打鱼，不许寻仙之人去往扶桑、蓬莱等异域，不许开展海洋贸易。同时规定：在大陆禁止竞争，禁止交易，禁止远游。女娃死后，变为彩首、白喙、赤足的小鸟，绕飞林中。炎帝见了，泪水盈眶，久久不能自已，许久之后才说："就赐小鸟精卫之名吧！"精卫在父亲的头顶上盘旋了几个时辰，不肯离去。炎帝作歌曰：

精卫鸣兮，天地动容！

山木翠兮，人为鱼虫！

娇女不能言兮，父至悲痛！

海何以不平兮，波涛汹涌！

愿子孙后代兮，勿入海中！

愿吾民族兮，永以大陆为荣！

精卫听得父亲"海何以不平"的唱词，于是下定决心，每日衔西山之木石填于东海，木石虽瞬间即被浪涛冲走，亦不气馁罢休。

第6课　古诗四首

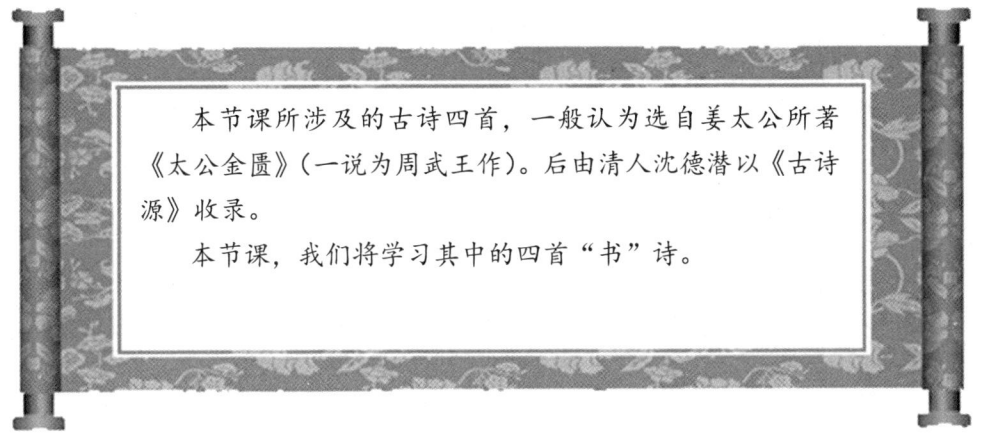

本节课所涉及的古诗四首，一般认为选自姜太公所著《太公金匮》（一说为周武王作）。后由清人沈德潜以《古诗源》收录。

本节课，我们将学习其中的四首"书"诗。

书　履

【原文】

行必履正，无怀侥幸。

【解释】

无，不要。

本诗借写鞋履的外部形象和穿着规范，并将其提到了礼制的高度，训导人们：人的一切行为必须像行走一样，端端正正，光明磊落，不能走偏道、走邪路；对某些不端言、行，不能抱有任何的侥幸心理。

有的版本作"行必虑正"，也有道理，但未必与诗题相吻合。

书　杖

【原文】

辅人无苟，扶人无咎。

【解释】

苟，苟且，侥幸。咎，错误。

本诗借写手杖，来说明这样的道理：手杖对人而言，其作用是非常重要的。使用不好，轻则使人走路不稳，重则使人跌倒，甚至是发生更重大的事故。其喻意

中华传统文化

是：辅佐别人的时候，不可心存侥幸、求免、苟且之心，扶助别人的时候，一定要力求没有失误。否则，可能会适得其反，不如不做。

书　锋

太公像

【原文】

忍之须臾，乃全汝身。

【解释】

乃，才能。须臾，很短的时间。全，动词，保全。

这篇古诗的大意是说：忍是一种美德，一种能力，一种求生和保全自己的良好途径。一旦锋芒外露，不但诸事不顺，有时候还会引发杀身之祸。所谓"能忍则安，全身远祸"，或说"忍得了一时，才能保得了一世（即全汝身）"。

书　井

【原文】

源泉滑滑，连旱则绝。取事有常，赋敛有节。

【解释】

本诗也写得富有哲理和诗情画意：那泉中之水，在常态的情况下都是清澈无比，源源不断。但是如果一旦遇上大旱的天气，也会干涸。作者借此现象，来讽谕时政：不要以为老百姓的财物像井水一样取之不尽、用之不竭，如果取之于民的赋敛过多，毫无节制地对人民进行横征暴敛，那么总有一天，会使得老百姓贫困无依，怨声载道，社会也就会出现各种不稳定的现象，统治者的政权就不可能稳固了。

《古逸诗》是中国诗学史上一部著名的古诗选本，其中《古逸》一卷，收录了上古至先秦的诗歌百余首，包括从先秦散文、汉魏史书和其他典籍中辑录的古歌谣和辞诗，其所题的形式以歌、谚、谣最多，书、辞、戒等则比较少见。其中"书"的形式大致相同，都是"题某某"之意，大多数都是咏物诗，往往是借物发挥，语

简意赅，深含哲理。后世的咏物诗往往借颂物之高贵，来表示自己的品德高尚，寄托自己的高远志向，与此"书"有些不同。

 课外拓展

1. 上述四首诗,对于人的个人修养提升、统治者治理国家等,有什么现实意义？你同意作者的观点吗？为什么？

2. "忍"是一种美德，但有时候"忍"也会错失机会、贻误时机。请举几个自身或他人的具体事例进行说明，并以此为主题开一次主题班会。

3. 《书锋》讲："忍之须臾"，为什么不是要求人们一直隐忍下去呢？请以此为主题，举行一个讨论会。

第7课　音乐理论

> 古齐国所遗留的"齐风韶韵",名垂千古。其中,管仲不但是一个治国奇才,帮助齐桓公确立了千秋霸业,而且还是一个著名的音乐理论家。现在我们就来看一看作为军事家、政治家的管仲,是如何同时又是一位"音乐家"的。

 经典诵读

凡听徵,如负猪豕觉而骇。凡听羽,如鸣马在野。凡听宫,如牛鸣窌中。凡听商,如离群羊。凡听角,如雉登木以鸣,音疾以清。凡将起五音凡首,先主一而三之,四开以合九九,以是生黄钟小素之首,以成宫。三分而益之以一,为百有八,为徵。不无有三分而去其乘,适足,以是生商。有三分,而复于其所,以是成羽。有三分,去其乘,适足,以是成角。

齐国历史博物馆的韶乐

——选自(《管子·地员》)

 文选翻译

　　凡是听"徵"声，就好像被人背着的猪发出的惊叫的声音。凡是听"羽"声，就好像荒野的马叫。凡是听"宫"声，就好像地窖里的牛鸣。凡是听"商"声，就好像失群的羊叫。凡是听"角"声，就好像野鸡在树上鸣唱，声音又快又清脆。凡是要起奏五音风调，就要掌握纲要之道，先确立一弦而三等分之，经过四次三等分的推演就能合九九八十一之数，由此产生黄钟小素的纲要，便成为宫声。将八十一的三分之一加在八十一上，使得一百零八，就是徵声。将一百零八减去它的三分之一，正是七十二的足数，由此而产生商声。七十二的三分之一再加到七十二上，由此产生羽声九十六。将九十六再减去它的三分之一，正是六十四的足数，由此而产生角声。

编钟一组，战国时期，1992年临淄商王村出土。

齐国古编钟

　　大家可能觉得上面的一段文字不容易理解，的确。但上述文字，讲的却是我国特有的一种音乐调式"五声调式"。五声调式，顾名思义，就是一首音乐是由五个音（而不是七个）构成的。五声调式广泛存在于中国古代和民间音乐中，并且在这个基础上，形成了中国民族调式的种种变化和完整的音乐理论体系，因此，尽管在许多国家和地区的传统音乐中都可见到五声调式，它还是常被称为"中国调式"或"民族调式"。五声调式是以纯五度的音程关系来排列的，五个音的名称，即如管子在上文中讲到的，分别是：宫、徵、商、羽、角。

25

中华传统文化

 知识链接

竽

是古代的吹奏乐器。战国至汉代曾广为流传。《韩非子·解老》中说:"竽也者,五声之长也,故竽先则钟瑟皆随,竽唱则诸乐皆和。"其开头如笙而较大,竹制竽管,管的下部有簧片,前后两排插在木制的竽斗上,竽嘴也为木制。在汉代乐俑和石刻画像中多有吹竽的情景。战国时期,齐国经济发达,文化繁荣,苏秦曾对齐宣王说:"临淄甚富而实,其民无不吹竽……"齐宣王、齐闵王父子更是爱竽如命。宣王喜合奏,闵王爱独吹,故而留下了南郭先生"滥竽充数"的故事。

击鼓吹竽图

 课外拓展

不要以为管子只是提出了五音之说。其实,管子在音乐方面,有其独到的认识,

甚至有了自己的一套完整的音乐理论。第一，《管子》中的《心术》篇，讲述了人心的功能及人提高自身修养的方法，并由此阐明了音乐对人的本性的作用，强调了音乐可以作用于人的性情，使人恢复其端正、平和的本性。第二，本课讲解的一段《地员》文字，记载了乐律"三分损益法"的运算过程，是我国最早采用数学运算方法而求得乐律关系的方法。乐音体系中各音的准确高度以及相互关系运算方法即最早见于此。第三，管子作为齐国的宰相，提出了相应的音乐主张，但却没有一味地维护统治者的利益，而是更好地遵从了音乐自身的特点，探索了五音、五行、五官、五色、五味及世间万物的内在联系，发现了其中的美学价值。这也是管子音乐美学思想的独特之处。

你能找出几首只有"五音"的民族乐曲吗？

第8课　艺海拾贝

上节课，我们讲述了作为音乐理论家管子对后世音乐的发展所做出的贡献。今天我们再通过一个具体的事例，讲述一下音乐的巨大作用。

 经典诵读

子在齐闻《韶》，三月不知肉味。曰："不图为乐之至于斯也。"（《论语·述而》）

子谓《韶》："尽美矣，又尽善也。"谓《武》："尽美矣，未尽善也。"（《论语·八佾》）

子与齐太师语乐，闻《韶》音，学之，三月不知肉味，齐人称之。（《史记·孔子世家》）

 知识链接

孔子是一个大音乐家，《史记·孔子世家》称：孔子跟着襄子学琴，不仅要习其曲谱，还做到了历其境而得其志。孔子三十岁就办学授徒，当时他所授课目称"六艺"，即，《诗》《书》《礼》《易》《乐》《春秋》。在当时，礼乐并提，可见乐的重要。对此，《史记·孔子世家》载："孔子以诗书礼乐教。"孔子周游列国返鲁后

说："吾自卫反鲁，然后乐正，《雅》《颂》各得其所。""《诗》三百五篇，孔子皆弦歌之，以求合于《韶》《武》《雅》《颂》，礼乐自此可得而述。"这些记载，足可以说明，孔子不但是能一般地教授《乐》，并且精通乐理，深谙音律。那么，为什么"在齐闻《韶》"而至于"不知肉味"了呢？这个答案应从齐《韶》本身来寻求。

1995年，在齐国故城内发现了古琴减字谱《箫韶九成·凤凰来仪》，经有关专家鉴定为早期齐国韶乐。齐国故城遗址博物馆再铸钟吕，建造齐国韶乐演示厅，向游人开放。

韶，史称舜乐。《竹书纪年》载："有虞氏舜作《大韶》之乐。"《吕氏春秋·古乐篇》同载："帝舜乃命质修《九韶》《六列》《六英》以明帝德。"由此可知，舜作《韶》主要是用以歌颂帝尧的圣德，并示忠心继承。

此后，夏、商、周三代帝王均把《韶》作为国家大典用乐。

韶乐演奏图

如武王灭商进入殷都时，就是演奏着《韶》乐。对此，《周逸书》称："王入，进《万》。"据考《万》即文舞《韶》。同时，《韶》还被用于祭天，《周礼·春官》："舞《大韶》以祀四望。"就是佐证。周武王定天下，封赏功臣，姜太公以首功封营丘建齐国，《韶》传入齐。

《韶》入齐后，在齐国改革、发展，在"因俗简礼"的基本国策影响下，《韶》适应当地民情民风习惯；吸收当地艺术营养，从内容到表演形式都有所丰富、演变，从而更增强了表现力，更贴近了东夷传统乐舞，展现了新的风貌。故而鲁昭公二十五年（公元前517年）孔子入齐，在高昭子家中观赏齐《韶》后，由衷赞叹曰："不图为乐至于斯！""学之，三月不知肉味。"（《史记·孔子世家》《论语·述而》）留下了一

世佳话。

孔子闻韶处位于山东省淄博市临淄区齐都镇韶院村。民国九年《临淄县志》载：清嘉庆时，于城东枣园村掘地得古碑，上书"孔子闻韶处"。后又于地中得石磬数枚，遂易村名为韶院。至宣统时，古碑已无下落。本村村民于1911年另立石碑，仍刻

孔子闻韶处

"孔子闻韶处"。1982年，市、区政府拨款将"孔子闻韶处"碑嵌于韶院村学校内墙壁上，并增置"乐舞图"和简述孔子在齐闻韶石刻。

孔子闻韶处为一处规模不大的淡灰色仿古建筑，门内北墙正中镶嵌着一方石碑，碑上隶书大字题曰"孔子闻韶处"。石碑左右，分嵌两方石刻，比碑略小。左边一块为"舞乐图"，上刻二人席地而坐，一人执管横吹；另一人居右，端坐正视，似乎全部心神沉入美妙的艺术境界中，当是孔子在欣赏音乐；下刻两个女子，长袖飘带，翩翩起舞。右边的一块为"韶乐及子在齐闻韶"简介。石刻文载：传说在中国远古虞舜时期，有一种叫做"韶"的乐舞，又称"箫韶"或"韶箫"。因韶乐有九章，故亦名"九韶"，是一种非常高雅的乐舞。到春秋时期，韶乐在齐国仍然盛行。

按照常规，各种艺术形式，都会随遇而演变，这是艺术自身发展的规律。《韶》入宫廷而成为宫廷雅乐，再接触俗乐而又雅俗结合，从而更突出了乐舞的表现力，更增加了艺术魅力，因而更臻完美，这是必然的结果。所以，孔子当看到齐国化的《韶》乐时，便情不由衷地赞曰："《韶》尽美矣，又尽善也。"

分享交流

1. 参观"孔子闻韶处",听当地的村民或景点讲解员讲一下当时孔子闻韶的故事。

2. 编一出小品《孔子闻韶》,并在班里演出,看谁能演得惟妙惟肖。

3. 查一查:韶乐在古时是一种什么样的音乐?

课外拓展

1. 查资料,了解一下"谓《武》:尽美矣,未尽善也"这句话是什么意思,为什么孔子认为《武》乐没有做到"尽善"?

2. 因为"尽善尽美",所以才令孔子"三月不知肉味",这在修辞学上称之为"通感",但也形象的说明了孔子为《韶》乐痴迷的情形。请仔细体会音乐带给人们的巨大的精神作用。

活动探究　齐国神话故事会

活动主题

探究齐国神话

活动目标

1. 培养学生搜集、整理、编选相关资料的能力。
2. 培养学生运用流利、生动的语言进行描述、表达的能力。
3. 培养学生独自探讨问题及协作等方面的能力。

活动步骤

1. 根据不同的探究任务自愿原则分成几个小组。
2. 学生在教师的指导下,通过不同的途径查找相关资料,确定讲述题目(神话内容),形成讲稿。
3. 整理资料,写出总结材料,总结收获和体会,完成探索任务。
4. 成果展出的工作:故事会(包括会场布置、组织、评委聘请、主持、节目单编写、评价规则、颁奖等各个环节和内容)。
5. 活动总结。

活动探究

1. 思考齐国神话产生的背景。
2. 通过查找资料等方式,了解齐地神话有哪些,其代表作又有哪些。
3. 在充分尊重原作的基础上,记录、扩写、改编齐国神话中优秀的部分。

4. 进行成果展示：齐国故事会（活动的主体）。

课后讨论

后羿射日雕塑

1. 有人认为，《精卫填海》这一则神话故事，主要是为了表现古代劳动人民欲征服自然、改造自然的强烈愿望和持之以恒、艰苦奋斗的精神。你同意这个观点吗？你会认为精卫是"不自量力"吗？

2. "精卫填海""女娲补天""夸父逐日""后羿射日"等故事给了你什么样的启示？

3. 你认为我国的远古神话故事流传至今、感人至深的原因是什么？

第三单元　管子文选

　　《管子》是管仲（约公元前723至公元前645）所写，后由齐相管仲的继承者、学生，收编、记录管仲生前思想、言论的总集。我们学习本单元，主要通过《管子》中的四篇文章（节选），从依法治国、礼义治国、以道治国、富民治国几个方面，来了解管仲的"治国学"，一睹这位伟大的政治家的治国风采。

第9课 明法

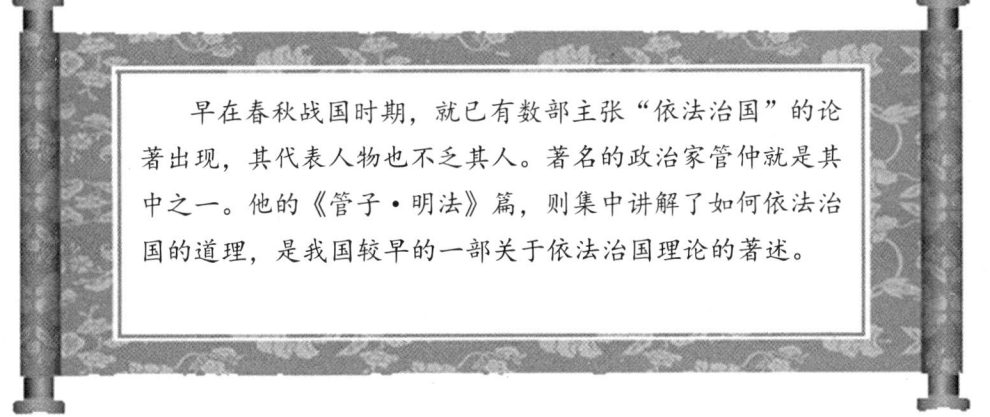

早在春秋战国时期，就已有数部主张"依法治国"的论著出现，其代表人物也不乏其人。著名的政治家管仲就是其中之一。他的《管子·明法》篇，则集中讲解了如何依法治国的道理，是我国较早的一部关于依法治国理论的著述。

经典诵读

明主者，有术数而不可得欺也，审于法禁而不可犯也，察于分职而不可乱也。故群臣不敢行其私，贵臣不得蔽贱，近者不得塞远，孤寡老弱不失其（所）职，竟内明辨而不相逾越。此之谓治国。故《明法》曰："所谓治国者，主道明也。"

明法者，上之所以一民使下也。私术者，下之所以侵上乱主也。故法废而私行，则人主孤特而独立，人臣群党而成朋。如此则主弱而臣强，此之谓乱国。故《明法》曰："所谓乱国者，臣术胜也。"

管仲像

文选翻译

英明的君主，掌握权谋策略而不可被欺瞒，明确法度禁令而不能被侵犯，分清上下职事而不容颠倒混乱。所以，群臣不敢徇私舞弊，贵臣不能压制贱者，近臣不能阻碍远臣，孤寡老弱不会丧失供养，国内尊卑分明而没有互相僭越的情况。这个就叫做治理得好的国家。所以，《明法》篇说："所谓治国者，主道明也。"

明法，是君主用来统一人民、役使臣下的；私术，是臣下用来侵犯朝廷扰乱君主的。所以，如果法度被废除而私术却得以盛行，那么，人君就因为没有依靠而陷于孤立，臣下就拉帮结派而形成朋党。这样就形成主弱臣强的局面，这个就叫做混乱的国家。所以，《明法》篇说："所谓乱国者，臣术胜也。"

管仲纪念馆全景

知识链接

科举制度中的"明法"

明法，是汉、唐、宋各代察举人才及科举取士的一个科目，考试的主要内容是关于治理国家的相关法令的知识。汉建元初令郡察人材，设四科，其三曰明习法令，为明法的开始。唐宋科举都有明法科，专门"培养"制定、熟悉、执行国家法令的人才。且不说这些"法官"们是否真的辅佐执法者做到了"依法治国"，单是这种治国理念，也一定是受到管子依法治国学说的影响。

管子有关依法治理国家的论述，对当今社会仍然有很重要的借鉴意义。

分享交流

1. 管子有关以法治理国家的论述，对于我们现在依法治国有怎样的借鉴意义？
2. 课外阅读《明法》篇，找出管子认为法的至上性、公开性、公正性、统一性等的名言名句，并进行理解和注释。
3. 在我国漫长的封建专制时代，君主如果想要推行"依法治国"，你认为会遇到什么样的阻碍？应当如何克服？
4. 举出几个中国历史上开明的君主依法治国的实例。

课外拓展

管子认为，法是"道"在人间秩序建构中的规则体现，是"道"的德行在社会政治领域的实践。道的超然性和绝对性赋予了法以至上性。一个国家，要有创制法度的，有执行法度的，有遵照法度行事的。创制法度的是君主，执行法度的是大臣官吏，遵照法度行事的是人民。作为一个圣明的君主，应当认清"道"在治理国家中的重要作用，掌握国家治理的策略，明辨是非，明确政令，分清下属的职责，并用法度来一统人民，杜绝官的行私舞弊、拉帮结派。只有这样，才能确立起法治的治国基础，让国家变得强大起来。

纵观《明法》全文，关于依法治国的论述还有很多。比如，他还强调法的至上性体、公正性、统一性、公开性、强制性、适度性、稳定性，等等，并形成了一套完整的理论。这些在他的著述中都有明确的论述。

第10课　牧民

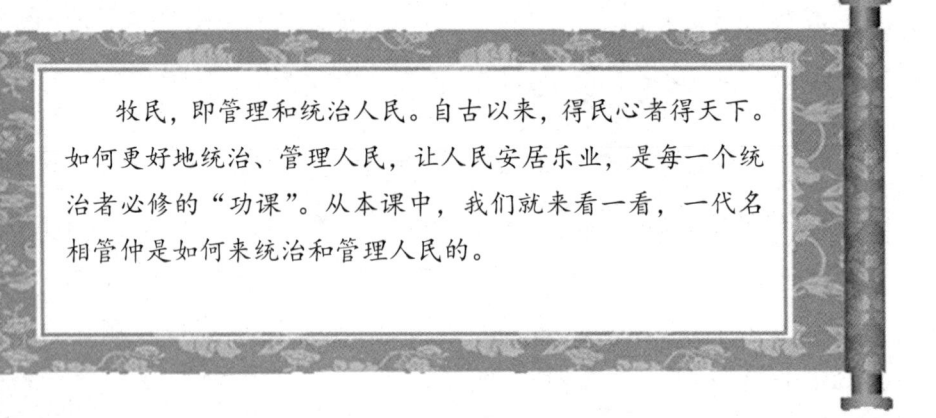

> 牧民，即管理和统治人民。自古以来，得民心者得天下。如何更好地统治、管理人民，让人民安居乐业，是每一个统治者必修的"功课"。从本课中，我们就来看一看，一代名相管仲是如何来统治和管理人民的。

经典诵读

凡有地牧民[1]者，务在四时[2]，守在仓廪。国多财，则远者来；地辟举[3]，则民留处；仓廪实，则知礼节；衣食足，则知荣辱；上服度，则六亲固；四维[4]张，则君令行。故省刑之要，在禁文巧[5]；守国之度，在饰[6]四维；顺[7]民之经，在明鬼神、祗山川、敬宗庙、恭祖旧。不务天时，则财不生；不务地利，则仓廪不盈。野芜旷，则民乃菅；上无量，则民乃妄。文巧不禁，则民乃淫；不璋两原[8]，则刑乃繁。不明鬼神，则陋民不悟；不只山川，则威令不闻；不敬宗庙，则民乃上校[9]；不恭祖旧，则孝悌不备。四维不张，国乃灭亡。

文选注释

【1】牧民：统治、管理人民。牧，牧养。

【2】四时：指春夏秋冬四季的农事。

【3】辟举：辟，开垦；举，尽，全。辟举即全部开垦的意思。

【4】四维：系在网四角的绳索，提起四维才能张网。

【5】文巧：指舞文弄法。

【6】饰："饬"的通假字。整顿、整饬。

【7】顺："训"的通假字。

【8】不璋两原：璋，明白。两原，即导致民妄、民淫的两种缘由。

【9】上校：抗拒君上。校，抗拒、抵抗。

管仲纪念馆近景

文选翻译

凡是一个国家的君主，必须致力于四时农事，确保粮食储备。国家财力充足，远方的人们就能自动迁来，荒地开发得好，本国的人民就能安心留下。粮食富裕，人们就知道礼节；衣食丰足，人们就懂得荣辱。君主的服用合乎法度，六亲就可以相安无事；四维发扬，君令就可以贯彻推行。因此，减少刑罚的关键，在于禁止奢侈；巩固国家的准则，在于整饬四维；训导人民的根本办法，则在于尊敬鬼神、祭祀山川、敬重祖宗和宗亲故旧。不注意天时，财富就不能增长；不注意地利，粮食就不会充足。田野荒芜废弃，人民也将由此而惰怠；君主挥霍无度，则人民胡作妄为；不禁止奢侈，则人民放纵淫荡；不堵塞这两个根源；犯罪者就会大量增多。不尊鬼神，民众就不能感悟；不祭山川，威令就不能远播；不敬祖宗，老百姓就会犯上；不尊重宗亲故旧，孝悌就不能完备。四维不得以发扬，国家就会灭亡。

知识链接

书院

书院，是中国古代封建社会特有的一种教育组织和学术研究机构，一般为学者私人创建或主持，书院起于唐朝，最初是官方修书、校书、藏书的场所，兴于宋朝，一般是由私人隐居读书发展为置田建屋、聚书修徒、从事讲学活动，设置地点多在山林僻静之处。止于清末学制改革，历史近千年。其后，书院或废弃，或改为学堂、学校，有的则发展成为现在的大学。从唐中叶至清末，它对中国古代教育、学术的发展和人才的培养，都产生了积极的作用。

公泉书院

《管子》的国家授田制度

第一，国家严格管理社会生产劳动者，按"夫"或"户"授予定量的土地。首先，国家设立严格的户籍制度，定期核查、登记；其次，按一定的征政组织强制编制生产劳动者。其形式是以劳动者"家"为单位进行编制；再次，用行政的暴力手段直接控制劳动者人身，禁止其迁徙、流亡。另外，《田法》规定了受田者的年龄限制。第二，设立了严密的田界系统。第三，以所授土地的质与量，确定国家租税征收额。第四，国家对农业生产的某些环节予以行政干涉。

分享交流

1. 《牧民》中所反映的治国理论和原则是什么？

（提示：经济上，推行货币政策，以市场调节物价，土地分等级，等等；政治上，尊王攘夷，顺从民心；思想上，推行法治。尽量引用原文、原句回答）

2. 有人认为，作为统治者，他心中的"牧民"，实质上就是奴役、欺压、愚弄、剥削人民。你同意这种观点吗？为什么？哪些治国观点对于今天仍有指导意义？

课外拓展

《牧民篇》是为《管子》全书之根本。由"国富"而至"民富"，须知"博地多财，不足以有众"，百姓自身富足与否才是推行"四维之道"的根基。国君须务实勤勉，亲贤远佞，爱惜民力，注重教化，方可垂拱而治。他认为："仓廪实而知礼节，衣食足而知荣辱"。也就是国家的安定与不安定，人民的守法与不守法，与经济发展关系十分密切。管仲思想中有不少可贵的地方，如他主张尊重民意，他说，"顺民心为本"，"政之兴，在顺民心；政之所废，在逆民心"。这对后世影响很大。

第11课　心术

> 本篇所讲的"心术"，是指心的功能。古人以心为思维器官，并认为心是人体的主宰，所以，用心来比喻君主。如果心是君主，那么九窍就应当是执行各自"任务"的器官，有各自的职责，分担不同的任务，并且从不同的渠道获取相关的信息，供"心"来进行分析、研究、决策。

经典诵读

心之在体，君之位也；九窍[1]之有职，官之分也。心处其道。九窍循理[2]；嗜欲充益，目不见色，耳不闻声。故曰上离其道，下失其事。毋[3]代马走，使尽其力；毋代鸟飞，使弊其羽翼；毋先物动，以观其则。动则失位，静乃自得。

文选注释

【1】九窍：人体部位名，即人的头部七窍及前、后阴。

【2】循理：按各自的规则（做事）。

【3】毋：不要。

文选翻译

心在人体，处于君的地位；九窍各有功能，有如百官各有职务。心的活动合于正道，九窍就能按常规工作；心充满了嗜欲，眼就看不见颜色，耳就听不到声音。所以说：在上位的脱离了正道，居下位的就荒怠职事。不要代替马去跑，让它自尽其力；不要代替鸟去飞，让它充分使用其羽翼。不要先物而动，以观察事物的运动规律。动则失掉为君的地位，静就可以自然地掌握事物运动规律了。

经典诵读

道，不远而难极也，与人并处而难得也。虚其欲，神将入舍；扫除不洁，神乃留处。人皆欲智而莫索其所以智乎。智乎，智乎，投之海外无自夺，求之者不得处之者。夫正人无求之也，故能虚无。

《管子》（明万历十年刻本）

文选翻译

道，离人不远而难以探其穷尽，与人共处而难以掌握。使欲念空虚，神道就将来到心里；欲念扫除不净，神道就不肯留处。人人都想得到智慧，但不知道怎样才能获得智慧。智慧啊，智慧啊，应把它投之海外而不可空自强求。追求智慧不如保持心的空虚。圣人就是无所追求的，所以能够做到"虚"。

知识链接

孔子曾称赞管仲："微管仲，吾其被发左衽矣。"（《论语·宪问篇》）意思是说，管仲辅助齐桓公做诸侯霸主，尊王攘夷，一匡天下。要是没有管仲，我们现在还披散着头发，敞着衣襟，是一副野蛮人的样子呢。

又说："桓公九合诸侯，不以兵车，管仲之力也，如其仁，如其仁！"意思是说，管仲辅佐齐桓公励精图治，称霸诸侯，但却不仅仅凭借强大的武力去降服别人，这才是他大的功德啊。孔子对管仲的评价，的确是很高。

《隆中对》中说："亮躬耕垄亩，好为《梁甫吟》，身长八尺，每自比于管仲、乐毅，时人莫之许也。"诸葛亮心怀天下之志，经常拿自己和管仲作对比。历史上管仲相齐，使齐国成为春秋五霸之首；后来，诸葛亮相蜀，使刘备与曹操、孙权三分天下。二人皆呕心沥血，鞠躬尽瘁，而且居功至伟，为后人所景仰。

管仲拜相图

课外拓展

1. 搜集一些管仲治国的历史资料，然后分析他在当时社会发展中所起到的作用。

2. 有成语说："上行下效。"请使用本文中的句子，结合当前某些社会现象，对这一成语进行解释。

3. 管仲的治国方略，与道家有什么渊源？通过各种方式查证一下。

第12课　治国

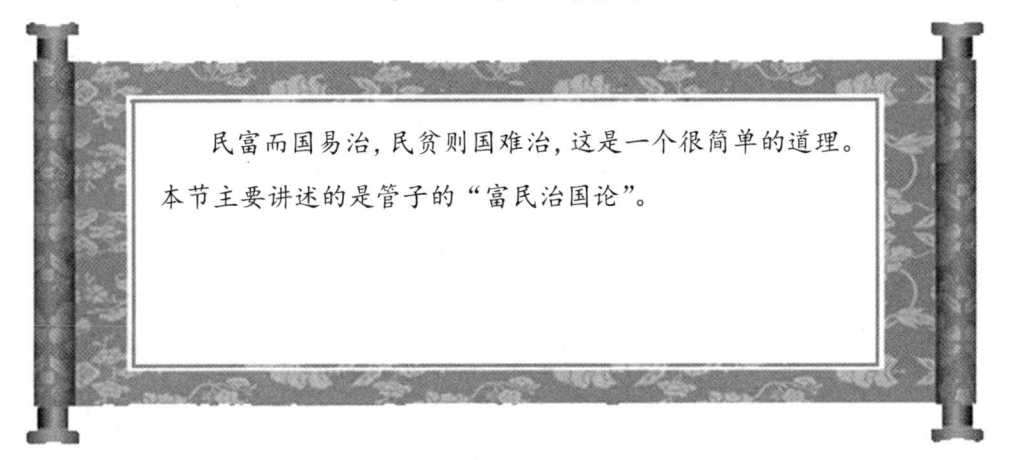

> 民富而国易治，民贫则国难治，这是一个很简单的道理。本节主要讲述的是管子的"富民治国论"。

经典诵读

凡治国之道，必先富民【1】。民富则易治也，民贫则难治也。奚以【2】知其然也？民富则安乡重【3】家，安乡重家则敬上畏罪【4】，敬上畏罪则易治也。民贫则危乡轻家，危乡轻家则敢凌上犯禁【5】，凌上犯禁则难治也。故治国常富，而乱国常贫。是以善为国者，必先富民，然后治之。

文选注释

【1】富民：使老百姓富裕起来。富，使……富裕。
【2】奚以：即"以奚"。以，介词，根据。奚，何。
【3】重：重视。
【4】敬上畏罪：尊敬官吏，害怕犯法。敬上：尊敬官吏。敬：尊敬。上，君上，泛指统治者。罪，犯罪或作恶的行为，这里用作动词，犯罪。
【5】犯禁：违反禁令、犯法。

中华传统文化

文选翻译

大凡治国的道理，一定要先使人民富裕，人民富裕就容易治理，人民贫穷就难以治理。何以知其然？人民富裕就安于乡居，爱惜家园，安乡爱家就恭敬君上、畏惧刑罚，敬上畏罪就容易治理了。人民贫穷，就不安于乡居而轻视家园，不安于乡居而轻家，就敢于对抗君上、违犯禁令，抗上犯禁就难以治理了。所以，治理得好的国家往往是富有的，乱国必然是穷的。因此，善于主持国家的君主，一定要先使人民富裕起来，然后再加以治理。

古齐都的繁荣景象

课外拓展

这篇短文为了讲清"治国之道，必先富民"的道理从两个方面进行论述。一方面讲"民富则安乡重家，安乡重家则敬上畏罪，敬上畏罪则易治也"；另一方面讲"民贫则危乡轻家，危乡轻家则敢陵上犯禁，陵上犯禁则难治也"。从这两个方面作了鲜明的对比后进行总结"富国常治，乱国常贫"进而得出"必先富民，然后治之"的道理。在短短的百十字的文字中，直接体现了管仲"治国之道，必先富民"这一远见卓识。一个国家要强盛，必须有雄厚的经济基础作保障，古今中外都是如此。齐国由富到强的历史，便说明了这一点。齐国之所以成为大国，四邻百姓都来归附，主要是因为齐国富庶。而齐国的富庶，则源自于管仲、晏婴等名相倾力辅佐君主，大力发展经济，从而形成了百姓富庶、齐国强盛。这一历史现象，与管仲"富民治国"的理念是分不开的。

知识链接

《管子》是研究我国古代特别是先秦学术文化思想的重要典籍，是一部记录中国春秋时期（公元前770年至公元前476年）齐国政治家、思想家管仲及管仲学派的言行事迹的书籍。大约成书于战国（公元前475年至公元前221年）时代至秦汉时期。刘向编订《管子》时共86篇，今本实存76篇，其余10篇仅存目录，托名春秋管仲著。其实《管子》同先秦许多典籍一样，既非一人之著，亦非一时之书。是一部稷下黄老道家学派的文集汇编。当前，学术界普遍认同这种观点。《治国》是我国古籍《管子》里记载的一篇文章，见于《管子》第四十八篇。

临淄桓公台遗址

分享交流

1. 管子的民本思想和我们今天所提倡的"以人为本"是一样的吗？为什么？

（提示：今天"以人为本"的思想与管子的民本思想是一脉相承的，但有本质上的区别。因为前者是为人民服务的，后者是为封建君主更好地实施统治服务的。）

2. 结合当前的国际形势，说一说"国乱常贫"的含义。

第四单元 《晏子春秋》文选

晏婴（公元前 578 年至公元前 500 年），字仲，谥平，习惯上多称平仲，又称晏子。夷维人（今山东高密），春秋时代一位重要的政治家、思想家、外交家。他历任齐灵公、庄公、景公三朝，辅政长达四十余年。以有政治远见、外交才能和作风朴素闻名诸侯。于公元前 500 年病逝。

《晏子春秋》约成书于战国末期，是后人假借晏婴的名义所作。这部书详细地记述了齐国灵公、庄公、景公三朝贤相晏婴的生平轶事及各种传说、传闻、趣闻，215 个小故事相互关联和补充，构成了栩栩如生的完整的晏子形象。全书的语言简洁明快，幽默风趣，人物对话富于性格特征，意趣盎然。

本单元主要论述和学习的重点：晏子的"以礼治国"论。

走进齐文化 六

第13课 景公饮酒酣

一次寻常的宴会，成为了晏婴"教育"齐景公的场所。正是利用这次饮酒的机会，智慧的晏子让沉湎于酒色的齐景公明白了一个道理，那就是什么是有"礼"，什么是"无礼"。而晏子"饬法修礼以治国政"的谏言，也被从谏如流的景公采纳。

经典诵读

景公饮酒酣，曰："今日愿与诸大夫为乐饮，请无为礼。"晏子蹴然改容曰："君之言过矣！群臣固欲君之无礼也。力多足以胜其长，勇多足以弑君，而礼不使也。禽兽以力为政，强者犯弱，故曰易主，今君去礼，则是禽兽也。群臣以力为政，强者犯弱，而日易主，君将安立矣！凡人之所以贵于禽兽者，以有礼也；故诗曰：'人而无礼，胡不

"晏子拒赐华府"壁画

49

中华传统文化

遄死。'礼不可无也。"公湎而不听。

少间,公出,晏子不起,公入,不起;交举则先饮。公怒,色变,抑手疾视曰:"向者夫子之教寡人无礼之不可也,寡人出入不起,交举则先饮,礼也?"晏子避席再拜稽首而请曰:"婴敢与君言而忘之乎?臣以致无礼之实也。君若欲无礼,此是已!"公曰:"若是,孤之罪也。夫子就席,寡人闻命矣。"觞三行,遂罢酒。盖是后也,饬法修礼以治国政,而百姓肃也。

文选翻译

齐景公喝酒喝得正高兴,说"今天愿意和诸位大夫痛快饮酒,请不要拘束于礼节。"晏子听了,非常严肃地说:"君主的话过分了!群臣固然很想与君主不拘束于礼节,但力大者足以胜过长辈,勇猛者足以杀死君主,而社会行为规范却使他们不能这样。禽兽就是以强硬为统治手段,强者侵犯弱者,所以每天都在改换首领。如今君主去掉礼节,那么就和禽兽一样了。群臣凭着勇力行统治之事,强者侵犯弱者,而每天就会改换首领,君主将怎么立身呢?人之所以比禽兽高贵,就是因为有社会行为规范;所以《诗经》上说:'一个人如不知行为规范,怎么不快点去死?'社会行为规范不可以没有啊。"

齐景公沉湎于饮酒而不听。过了一会儿,齐景公出去,晏子没有站起,齐景公回来,晏子也没有站起;相互举杯晏子则先饮酒。齐景公发怒,神色大变,手按桌

齐景公与晏子

子看着晏子说:"向来先生教我不可以没有礼节,我出去进来你不起立致意,相互举杯你要先饮,这是礼吗?"晏子离开酒桌跪下叩头说:"我怎么敢把和君主说的话忘了呢?我只是用这种作法来表达没有礼节的结果。君主如果希望不要礼节,这就是了。"齐景公说:"如果是这样,就是我的罪过了。先生请入座,我听从你的劝告了。"君臣共饮三杯后,就结束了酒宴。大约从这以后,齐景公整治法度修明礼制以治理国家,国内的百姓做事也都恭敬有礼。

知识链接

什么是"礼"(1)

礼是一种在中国流传已久的一种社会现象,商代甲骨卜辞中就有"礼"字。《说文解字》曰:"礼,履也,所以事神致福也。"它既是远古时代人们祭神求福的一种仪式,也是中国最早的行为规范体系。关于礼的观念及学说也影响着社会生活中的各个领域,调整着人与人、人与天地宇宙之间的关系。圣人以礼治国的基础是了解人情、提倡仁义、明利去患,在这个基础上让人内心平和、社会和谐统一,形成一个统一的整体。可见,"礼"不仅是管理中的第一步,也是极其重要的一步。

翻阅千古史册,最终能够在人们心中留下一个美名的名臣将相,也大都是以礼作为为人处世之根本的。正如《论语》种所言:"不学礼,无以立。"只有以礼待人,才能够让他人从内心深处对你产生敬佩之感。比如爱国忧民、敢于直谏,能够在诸侯和百姓中都享有极高声誉的晏子,除了其博闻强识、善于辞令的优点之外,还有十分重要的因素就是其主张以礼治国、重礼爱民、提倡节俭,减轻人民负担,反对严刑峻法,并曾力谏齐景公轻赋省刑,所以,在当时就有"仁人"之称,并被传颂千古。

综观历史,手中有权就作威作福,遭百姓唾骂的人如过江之鲫,为了百姓的安稳而不顾自己的生命危险的大臣却寥寥无几,而像晏子那样身居高位却懂得以礼治国、及时疏导民怨、借鉴民意、积极劝谏、智慧劝谏的人更是少之又少。他以礼治国的决心和尊重百姓人格的做法也的确值得人们为之叹服和称赞。

每一个人，在生活和工作中，要做事，必然要有所行为，行为方式就是人在具体的生活中、工作中必需有所行为时所选择的不同方式问题。选择什么样的行为方式，往往困惑了许多人。人们对待同样的事情往往有不同的行为方式，采取哪一种行为方式更好呢？经过几千年的经验教训，人们在人类社会中约定俗成地认同了许多可以共同使用的行为方式，这就逐渐形成为行为规范——礼，即人的行为准则。

齐国酒宴趣闻

齐国聚宴吃饭，是双膝着地，上身挺直，称之为"跽坐"。面前则行自摆一个小的案桌摆放饭菜。即使是只有两个人，也是分案而食。这或许是现代分餐制的起源。据《史记·孟尝君列传》记载：孟尝君某日请一个新来投奔的侠士吃饭，侍从不小心挡住了烛光，侠士就认为自己吃的那一份饭菜与孟尝君的不一样，欲离席而去。显然，那时候的筵席，是一人一份的。

课外拓展

1. 晏子是怎样机智地劝谏齐景公的？
2. 请你对齐景公做一个客观的评价。

第14课　曲潢之上

《晏子春秋》中，以礼治国的故事随处可见。晏子强调"德莫高于爱民，行莫厚于乐民"，一向主张以礼治国，以礼治民等思想，并突出表现在爱民的主张上。这篇《曲潢之上》，即晏子表达"以礼治国"主张的典型事例。这则小故事通过担忧齐国政权的旁落，引出了治理国家的过程中，严格遵从"以礼治国"的理念的重要性，深入浅出，富有说服力。

经典诵读

公与晏子立曲潢之上，望见齐国，问晏子曰："后世孰将践有齐国者乎？"

晏子对曰："非贱臣之所敢议也。"公曰："胡必然也？得者无失，则虞、夏常存矣。"

晏子对曰："臣闻见不足以知之者，智也；先言而后当者，惠也。夫智与惠，君子之事，臣奚足以知之乎！虽然，臣请陈其为政：君强臣弱，政之本也；君唱臣和，教之隆也；刑罚在君，民之纪也。今夫田无宇二世有功于国，而利取分寡，公室兼之，国权专之，君臣易施，能无衰乎！

晏婴像

婴闻之，臣富主亡。由是观之，其无宇之后无几，齐国，田氏之国也？婴老不能待公之事，公若即世，政不在公室。"公曰："然则奈何？"

晏子对曰："维礼可以已之。其在礼也，家施不及国，民不懈，货不移，工贾不变，士不滥，官不谄，大夫不收公利。"

公曰："善。今知礼之可以为国也。"

对曰："礼之可以为国也久矣，与天地并立。君令臣忠，父慈子孝，兄爱弟敬，夫和妻柔，姑慈妇听，礼之经也。君令而不违，臣忠而不二，父慈而教，子孝而箴，兄爱而友，弟敬而顺，夫和而义，妻柔而贞，姑慈而从，妇听而婉，礼之质也。"

公曰："善哉！寡人迺今知礼之尚也。"

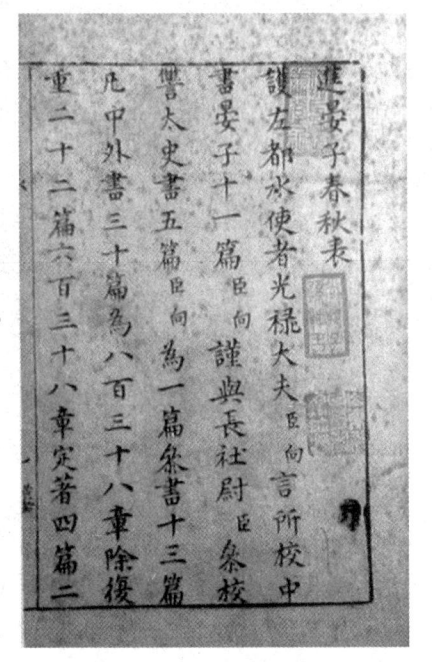

《晏子春秋》书影

文选翻译

景公与晏子站在曲潢上面，远远看见齐国，问晏子说："后世谁将登上齐国的王位呢？"

晏子回答说："这不是微臣敢谈论的事情。"景公说："为何这样呢？得到天下而不再失去，那么虞舜、夏禹就常存于世了。"

晏子回答说："我听说，未见事情的全部就能知道其实质的人，是聪明人。先下结论而后来事实与之相符的人，是智慧之人。那聪明与智慧，是君子才能做到的事情，我怎么能知道呢？但是即便这样，我请求讲述一下为政之道：君王强大而臣子弱小，是为政的根本；君王倡导而臣子附和，教化就会兴隆；刑罚的权利在君王手中，百姓便有了纲纪。现在田无宇两代皆有功于国家，而又适当地收取赋敛再分给贫乏之人。公室他有份，国家权柄他也专擅，君臣施与关系倒逆，王权能不衰微吗！我听说，臣子富强了，君王就一定会衰亡，如此看来，大概田无宇之后不长时间，齐国便成为田氏的国家了吧！我老了，不能再为您办事了，君王如果去世，政权就不在您家了。"

景公说："这可怎么办？"

晏子回答说："只有用礼能制止这种结果。在礼的规定中，大夫的施舍不能超过国家，百姓不懈怠，财物不流入一处，从事工商业的人不欺诈，士人不夸夸其谈，官吏不谄媚，大夫不收取国家的利益。"

景公说："好。现在我知道礼可以治国了。"

晏子回答说："礼可用来治理国家是长久之计呀，可以与天地同存。君王有德而臣子忠诚，父亲仁慈而儿女孝顺，兄长仁爱而兄弟恭敬，丈夫和气而妻子柔顺贞淑，婆婆仁慈宽厚而媳妇顺从温婉，这是礼的基本内容。"

景公说："好啊！我现在知道礼的重要了。"

知识链接

不击车毂

齐国人喜欢用车毂相互撞击来取乐，即使明令禁止也不行。晏子非常担心这件事，就制作了一架新车，选择好良马，驾着车子出去与别人的车相撞击，然后说："撞击别人车毂的人不吉祥，我恐怕会因此而不能延续自家的祭祀！"说着便下车并弃车而去。从此以后，齐国人就再也不以相互撞击车毂来取乐了。

用法令来禁止，而自身不率先执行，老百姓就不可能被禁止。言教不如身教，有时候，"法教"也不如身教。晏子算得上是善于运用自身影响力的典范了吧！

中华传统文化

踊贵屦贱

有一次，齐景公问晏婴："你家靠近集市，你可知物价的贵贱？"晏子答道："我知道的。"齐景公就说："那好，你就来说说，哪个东西贵？哪个东西便宜？"在当时，齐景公实施残酷的刑罚，受刑弄而被砍脚的人很多。市场上假肢畅销，鞋子反而卖不出去，于是，晏婴就机智地回答说："我知道，踊（假肢）贵而屦（鞋子）贱。"从而含蓄而又巧妙地谴责了齐景公的残忍行径。最后，善于纳谏的齐景公终于领悟了晏子的良苦用心，下令减轻了对老百姓的刑罚。

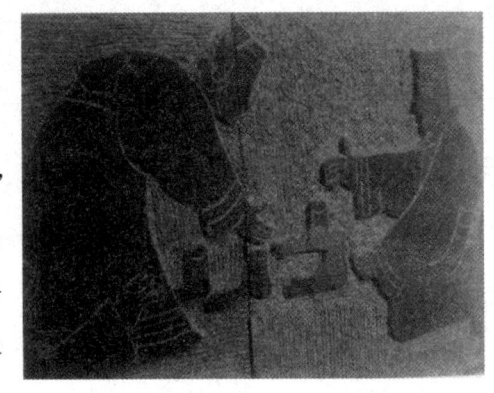

课外拓展

1. 晏婴为何担心政权将不在齐景公之家？

2. 晏婴为齐景公给出什么建议来制止"政权更迭"这一结果的出现？

3. 有人说，晏婴用上述言论劝说齐景公，仅仅是为了让齐景公的家族统治得以延续，是纯粹地为统治者服务的。你同意这个说法吗？为什么？

第15课　景公登射

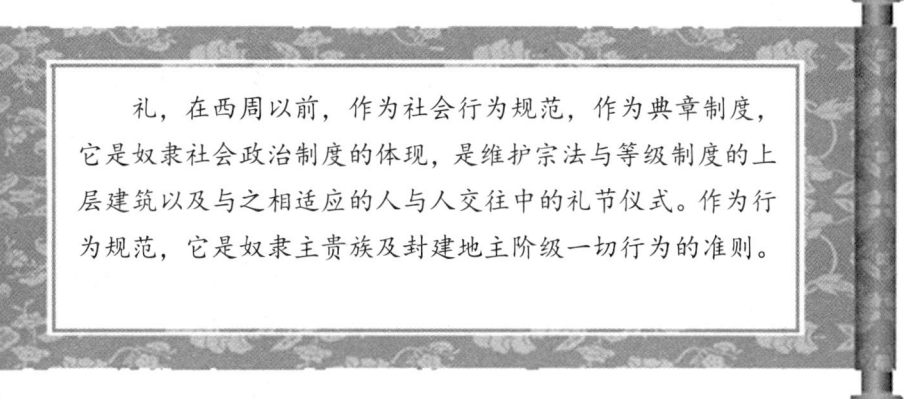

> 礼，在西周以前，作为社会行为规范，作为典章制度，它是奴隶社会政治制度的体现，是维护宗法与等级制度的上层建筑以及与之相适应的人与人交往中的礼节仪式。作为行为规范，它是奴隶主贵族及封建地主阶级一切行为的准则。

经典诵读

景公登射，晏子修礼而侍。公曰："选射之礼，寡人厌之矣！吾欲得天下勇士，与之图国。"

晏子对曰："君子无礼，是庶人也；庶人无礼，是禽兽也。夫勇多则弑其君，力多则杀其长，然而不敢者，维礼之谓也。礼者，所以御民也，辔者，所以御马也，无礼而能治国家者，晏未之闻也。"

景公曰："善。"迺饰射更席，以为上客，终日问礼。

景公与晏子

文选翻译

齐景公站起来射箭，晏子规规矩矩的等待。景公说："射箭的礼仪，我已不满足了。我想要得到天下的勇士，和他一起图谋别国领土。"

晏子对答说："君子没有礼仪，是平常人；平常人没有礼仪，是禽兽。臣下勇气过多的就杀了他的君主；小辈用力过多就会杀了他的长辈。那些没有这样做的人，只是因为遵循礼啊。礼是用来驾驭人民的。就像是马缰绳是用来驾驭马的。不讲礼仪而能治理国家的人，我没有听说过。"

景公说："说得好！"于是不射箭了，撤掉酒席，把晏婴当作尊贵的客人，每天都询问礼仪。

知识链接

礼器

中国古代贵族在举行祭祀、宴飨、征伐及丧葬等礼仪活动中使用的器物。用来表明使用者的身份、等级和权力。商周的青铜礼器又泛称彝器。商周奴隶制社会礼器包括玉器、青铜器及服饰。玉礼器有璧、琮、圭、璋等。青铜礼器种类众多，工艺精美。种类有食器、酒器、水器、乐器等，进入封建社会后，青铜礼器逐渐退出了历史舞台。

齐景公痛失晏子

晏子去世了。齐景公在游玩的时候听说了这一个消息，就催促赶快驾车回去。跑着跑着，景公嫌马跑得不快，就下车自己跑，但是还是没有马跑得快，就又上了车。这样先后四次。最后是一边跑一边哭。进了晏子家，他伏在晏婴的尸体上放声大哭，说："先生你不分白天黑夜地劝说我，细小的过失也不放过，但是我还是放纵自己不知道收敛。现在，灾祸没有落到我的身上，却落到了你的头上，你死去了，齐国就危险了！今后，老百姓有了怨恨，将向谁去诉说啊！"

这是中国历史是少见的一段君臣之情，十分感人。齐景公知人善任，基本上能够听从晏婴的功谏。晏婴去世，受损失的不仅是齐景公，还有齐国和齐国的老百姓。

日积月累

"礼"在治国中的作用

没有规矩，不成方圆；没有约束，不成社会。因此，没有任何一个社会会放纵人们的所作所为，总会制定某些对人有约束力的规则。规则本来只是要人们放弃那些可能危害社会的冲动和行为，其理由还是基于个人的；只有这样，个人才活得更好。因此，规则的制定就有了两个彼此矛盾的目标，一是尽量满足人们的自由天性，因为规则是人们制定出来为自己服务的；二是通过束缚人的某种天性来满足社会秩序的需要，因为实行范围宽泛的自由需要以牺牲部分个人自由为代价。

课外拓展

依据你对"礼治"的理解，说说我们在学校生活中需要什么样的"礼治"。

中华传统文化

第16课　仲尼之齐

孔子也主张以礼治国，认为："不学礼，无以立。"提出："道之以政，齐之以刑，民免而无耻；道之以德，齐之以礼，有耳且格。"历代儒家莫不将礼看成修身治国屡试不爽的法宝。但孔子的观点在晏婴看来又是怎样的呢？

经典诵读

仲尼之齐，见景公，景公说之，欲封之以尔稽，以告晏子。

晏子对曰："不可。彼浩裾自顺，不可以教下；好乐缓于民，不可使亲治；立命而建事，不可守职；厚葬破民贫国，久丧道哀费日，不可使子民；行之难者在内，而传者无其外，故异于服，勉于容，不可以道众而驯百姓。自大贤之灭，周室之卑也，威仪加多，而民行滋薄；声乐繁充，而世德滋衰。今孔丘盛声乐以侈世，饰弦歌鼓舞以聚徒，繁登降之礼，趋翔之节以观众，博学不可以仪世，劳思不可以补民，兼寿不能殚其教，当

孔子到齐国

年不能究其礼，积财不能赡其乐，繁饰邪术以营世君，盛为声乐以淫愚其民。其道也，不可以示世；其教也，不可以导民。今欲封之，以移齐国之俗，非所以导众存民也。"

公曰："善。"于是厚其礼而留其封，敬见不问其道，仲尼遂行。

文选翻译

孔子到了齐国，拜见齐景公，景公很喜欢孔子，准备将尔稽封赏给孔子。景公把自己的想法告诉了晏子。

晏子回答说："不行。他傲慢而自以为是，不可以用来教导百姓；喜好礼乐对百姓宽缓，不能让他亲自治理百姓；好修身从命，而疲于作实际工作，不能勤于职守；主张厚葬破费民财，使国家贫困；丧仪长久衰念不止枉费时日，不能做父母

晏婴墓

官。德行修养最难的在于内心，而儒者只注意修饰外表，所以服饰奇特；过分注重容仪举止，不能引导众人，教化万民。自从大贤之人死之后，周王室就衰落了，礼仪的细则更加烦琐，百姓的行为却日益浇薄，世风日下；歌舞礼乐沉闷繁冗，而世间的道德日渐衰微。现在孔子用盛大的歌乐来使世风日趋奢靡，用弦歌鼓舞来聚集众人，用烦琐的上下尊卑进退的礼仪细节、以步趋的庄敬来使百姓效法。他们博学却不能于世为法，思虑劳顿却不能于人民有所补益，有加倍的寿命，也学不完他们的礼教，人到壮年也难搞清他们的礼仪，积蓄的财产不足供他们礼乐的费用。繁饰邪术以蛊惑世上的国君，盛为声乐来愚弄百姓。他们的主张，不能示范于世；他们的学问，不能用来教育人民。您现在打算封赏孔子，用他们的一套来改变齐国的风

俗，可不是用来教育百姓、保护人民的好办法。"

景公说："好。"于是留下了封赏的土地而赠给他厚重的礼物，迅速接见了他而没有问他的道德学问，孔子受完接见就走了。

知识链接

孔晏之交

从《孔子世家》看，孔子与晏子能直接交往的有三次。一次是鲁昭公20年，孔子三十岁，晏子与齐景公一起到鲁国访问，齐景公曾向孔子请教"国小处辟"的秦穆公能够称霸的原因，孔子说了一通"国虽小，其志大；处虽辟，行中正"的道理，晏子应当在场；一次是孔子三十五岁那年，因为鲁国大乱，他到齐国去当了高昭子的家臣，以此做这跳板来与齐景公交往，齐景公也曾向孔子问政。那期间，晏子与孔子也应有接触；"孔子使齐"，乃是他五十岁之后的事了，《孔子世家》写着晏子在场的，也算一次。

孔子对晏子的评价很高，他曾说："救民百姓而不夸，行补三君而不有，晏子果君子也。"《论语》中有一条："子曰：'晏平仲善与人交，久而敬之。'"（《公冶长篇第五》）可见这是晏子死后孔子对他的评价。

晏子对孔子的评价很不高。那是孔子三十五岁在齐国当家臣之时，齐景公两次问政，一次孔子说了"君君臣臣，父父子子"的那番话，一次孔子说了"政在节财"。齐景公听了都很高兴，正想封赏孔子，晏子进言，说了孔子这些儒者的四个"不可"，一是"滑稽而不可规法"；二是"倨傲自顺，不可以为下"；三是"崇丧遂哀，破产厚葬，不可以为俗"；四是"游说乞贷，不可以为国"。晏子还着重说了孔子的"礼"，认为如此烦琐地规定尊卑上下的礼仪、举手投足的节度，连续几代都不能穷尽其中的学问，从幼到老都不能学完他的礼乐。用这一套来改造齐国的习俗，不是引导平民百姓的好办法。

分享交流

1. 请问你同意晏子对孔子的评价吗？为什么？你对孔子和晏子分别作何评价？

2. 假如孔子知道在当年齐景公有可能重用孔子之时，晏子对他曾有这番评价，是否还会说"晏平仲善与人交，久而敬之"？请说出你的理由。

课外拓展

本单元的核心思想是以礼治国，礼不但可以治理国家，也可以治理一个学校，一个班级，甚至是一个家庭。请你想一想，我们的班级需要什么样的礼仪来规范我们的言行，我们的家庭又该用什么礼仪来凝聚力量，增进情感呢？

第五单元 《六韬》文选

《六韬》又称《太公六韬》《太公兵法》，是中国古代的一部著名的道家兵书，其内容博大精深，思想精邃，逻辑缜密严谨，是古代军事思想精华的集中体现。相传为姜太公吕望所作。《六韬》的内容十分广泛，几乎对有关战争和各方面问题都涉及了。其中最精彩的部分是它的战略论和战术论。

姜太公一生坎坷多磨而又轰轰烈烈、神秘莫测。纵观太公一生的建树，无论从军事、政治、经济思想等方面，都有卓越贡献，其中尤以军事为最，所以，太史公言"后世之言兵及周之阴权皆宗太公为本谋"，称得上兵家之鼻祖，军事之渊薮。他是中国历史上一位全智全能的人物，被文王命为"太师"，是西周王朝"三公"中的最高长官，既主军，也问政。时有"天下三分，其二归周者，太公之谋计居多"之言，足见太公在周朝中的地位之重。

第17课 文师

《文师》篇是《六韬》的首篇，它通过记述周文王打猎时巧遇姜太公并最终立其为师这一人所共知的故事，由浅入深，逐步展开，层层递进。姜太公胸怀治国经武的雄才大略，可惜时运不济，怀才不遇。只好隐居岐山、垂钓渭水，待机而起。

经典诵读

文王[1]将田，史编布卜[2]曰："田于渭阳[3]，将大得焉。非龙非螭[4]，非虎非罴，兆[5]得公侯，天遗汝师，以之佐昌，施及三王。"文王曰："兆致是乎？"史编曰："编之太祖史畴，为禹[6]占，得皋陶[7]，兆比于此。"文王乃斋三日，乘田车，驾田马，田于渭阳，卒见太公坐茅以渔。

文王劳而问之曰："子乐渔耶？"太公曰："君子乐得其志；小人乐得其事。今吾渔，甚有似也。"文王曰："何谓其有似也？"

太公曰："钓有三权[8]：禄等以权，死等以权，官等以权。夫钓以求得也，其情深，可以观大矣。"

文王曰："愿闻其情。"太公曰："源深

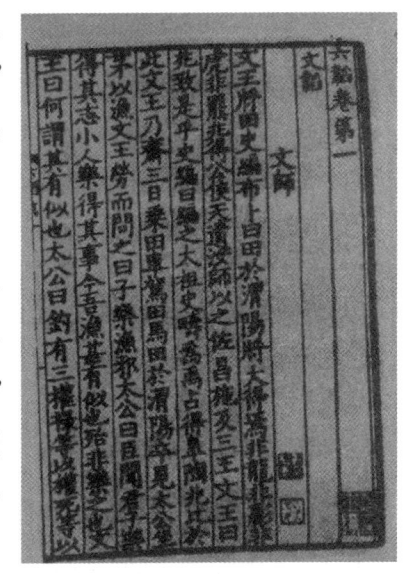

《六韬》

周武王像

而水流，水流而鱼生之，情也。根深而木长，木长而实生之，情也。君子情同而亲合，亲合而事生之，情也。言语应对者，情之饰也。至情者，事之极也。今臣言至情不讳，君其恶之乎？"

文王曰："惟仁人能受直谏，不恶至情。何为其然？"

太公曰："缗[9]微饵明，小鱼食之；缗调饵香，中鱼食之；缗隆饵丰，大鱼食之。夫鱼食其饵乃牵其缗，人食其禄乃服其君。故以饵取鱼，鱼可杀；以禄取人，人可竭；以家取国，国可拔；以国取天下，天下可毕[10]。呜呼！曼曼绵绵[11]，其聚必散；嘿嘿昧昧[12]，其光必远。微哉！圣人之德，诱乎独见。乐哉！圣人之虑，各归其次，而立敛[13]焉。"

文王曰："立敛若何，而天下归之？"

太公曰："天下非一人之天下，乃天下之天下也。同天下之利者则得天下，擅[14]天下之利者则失天下。天有时，地有财，能与人共之者，仁也。仁之所在，天下归之。免人之死，解人之难，救人之患，济人之急者，德也。德之所在，天下归之。与人同忧同乐，同好同恶，义也。义之所在，天下赴之。凡人恶死而乐生，好德而归利，能生利者，道也。道之所在，天下归之。"

文王再拜曰："允[15]哉！敢不受天之诏命乎！"

乃载与俱归，立为师。

文选注释

【1】文王：商末周部族的领袖，姓姬名昌。田，通"畋"，打猎。

【2】史编布卜：史，官职名，先秦时主要掌管记事、祭祀及占卜诸项事务。编，人名，布卜，占卜。

【3】渭阳：渭水北岸。渭，渭水。阳，水的北面。

【4】彨（chī）：通"螭"，传说中一种无角的龙。

【5】兆：预兆。公侯：古代爵位的名称。五等爵位中第一等称公，第二等称侯。

【6】禹：传说中我国古夏后氏部落的领袖，以治理洪水而闻名。后其子启建立了我国历史上第一个王朝夏朝。

【7】皋陶（yáo）：传说中东夷族的领袖，舜时曾主管刑狱，后又辅佐禹。

【8】权：权术。

【9】缗（mín）：钓丝。

【10】毕：古时田猎用的网，此处意为取得。

【11】曼曼绵绵：曼曼，同"漫漫"，指幅员广阔无际。绵绵，持续长久。

【12】嘿嘿昧昧：嘿嘿，同"默默"。寂然无声。昧昧，纯厚隐晦，不显露于外。

【13】敛：收聚，收揽。

【14】擅：专擅、独自享用。

【15】允：诚然，信然。

文选翻译

周文王准备去打猎，太史编占卜以后说："您这次到渭河北岸打猎，将会得到巨大的收获。所获得的不是龙，不是彨，不是虎，也不是熊，而是要得到一位公侯之才。他是上天赐给您的老师，辅佐您的事业日渐昌盛，并将施恩加惠于您的子孙后代。"

文王问："占卜的结果果真有这么好吗？"

史编回答说："我的远祖史畴曾为禹占卜，结果得到皋陶。那次的征兆正与今天的相似。"

中华传统文化

文王于是斋戒三天，然后乘着猎车，驾着猎马，到渭水北岸打猎。终于见到了太公，正坐在长满了茅草的河岸边钓鱼。

文王上前慰劳并询问："先生喜欢钓鱼吗？"

太公回答说："我听说君子乐于实现自己的抱负，平凡人乐于做好自己的事情。现在我钓鱼，与这个道理很相似，并不是真正喜欢钓鱼。"

文王问："这两者之间有什么相似之处呢？"

太公回答说："钓鱼比如人事，有三种权术。用厚禄收买人才，如同用饵钓鱼；用重金收买死士，也如同用饵钓鱼；用官职招揽人才，也如同用饵钓鱼。凡是垂钓，目的都是为了得鱼，其中的道理十分深奥，从中可以看到大的道理。"

西周灭商的牧野之战

文王说："我愿意听听这深奥的道理。"

太公回答说："水的源流深，水流就不息，水流不息，鱼类就能生存，这是自然的道理；树的根须深，枝叶就茂盛，枝叶茂盛，果实就能结成。这也是自然的道理；君子情投意合，就能亲密合作，亲密合作。事业就能成功，这也是自然的道理；言语应对，是用来掩饰真情的，能说真情实话，才是最好的事情。我说的都是真情实话，毫无隐讳，恐怕会引起您的反感吧？"

文王说："只有具备仁德品质的人才能接受直率的规谏，而不厌恶真情实话。我怎么会反感呢？"

太公说："钓丝细微，鱼饵可见，小鱼就会上钩；钓丝适中，鱼饵味香，中等大小的鱼就会上钩；钓丝粗长，鱼饵丰盛，大鱼就会上钩。鱼要贪吃香饵，就会被钓丝牵住；人要得到君主俸禄，就会服从君主任使。所以，用香饵钓鱼，鱼便可供烹

68

食；用爵禄网罗人才，人才就能尽为所用；以家为基础取国，国就能被据为己有；以国为基础取天下，天下就可全部征服。可叹啊！土地广大，国祚绵长，它所积聚起来的东西，最终必将烟消云散；默默无闻，不动声色地暗中准备，它的光芒必将普照四方。微妙啊！圣人的德化，就在于独创地、潜移默化地收揽人心。欢乐啊！圣人所思虑的事情，就是使天下人人各得其所，而建立起各种争取人心的办法。"

文王问道："该制定什么办法才能使天下归心呢？"

太公回答说："天下不是一个人的天下，而是天下所有人共有的天下。能同天下所有人共同分享天下利益的，就可以取得天下；独占天下利益的，就会失掉天下。天有四时，地有财富，能和人们共同享用的，就是仁爱。仁爱所在，天下之人就会归附。免除人们的死亡，解决人们的苦难，消除人们的祸患，解救人们的危急，就是恩德。恩德所在，天下之人就会归附。和人们同忧同乐，同好同恶的，就是道义。道义所在，天下之人就会争相归附。人们无不厌恶死亡而乐于生存，欢迎恩德而追求利益，能为天下人谋求利益的，就是王道。王道所在，天下之人就会归附。"

文王再次拜谢后说："先生讲得太好了。我怎敢不接受上天的旨意！"

于是，把太公请上猎车，一起回到国都，并拜他为师。

知识链接

"天下非一人之天下，乃天下之天下也。同天下之利者则得天下，擅天下之利者则失天下"，这是《文师》篇提出的一个重要观点。商朝的灭亡和周朝的兴起从正反两个方面证明了这一论断的正确。

商朝末期，纣王暴虐淫侈，大兴土木，还"以酒为池，悬肉为林"，过着极其奢侈腐朽的生活。商纣王的倒行逆施，激起了广大奴隶和平民的仇恨。与日薄西山、摇摇欲坠的商王朝形成鲜明对照的是，商的西方属国周的国势正如日方中、蒸蒸日上。特别是文王姬昌即位后，"阴谋修德以倾商政"，暗中积蓄力量，积极准备推翻商朝。在政治经济上修德行善，裕民富国，广罗人才，发展生产，造成了

"耕者九一，仕者世禄、关市饥而不征，泽梁无禁，罪人不孥"的清明政治局面。他采取的"笃仁、敬老、慈少、礼下贤"的政策，赢得了民众的广泛拥护，从而使局的势力迅速壮大。文王逝世后，他的儿子武王继承乃父遗志，遵循既定的方针。在做好一切准备后，向商发动了进攻。商朝土崩瓦解，纣王见大势已去，举火自焚，死无葬身之地。商朝六百年的统治宣告结束，一个新兴的王朝周朝诞生了。而这其中，姜太公居功至伟。

分享交流

　　本篇是《六韬》的首篇，它通过记述周文王打猎时巧遇姜太公并最终立其为师这一人所共知的故事，由浅入深，逐步展开，层层递进，阐明了姜太公胸怀治国经武的雄才大略。当时，太公时运不济，怀才不遇，只好隐居岐山、垂钓渭水，伺机而起。而周文王为了成就灭商大业，求贤若渴，正在四处网罗人才，两人便在这种背景下相遇。但初次见面，交浅不敢言深，姜太公只好以钓鱼为话题进行试探，待见到文王态度恳切、虚心求教之后，话锋一转，立即提出了推翻商王朝以夺取天下这一重大的战略问题，接着为坚定周文王的信心，进一步指出了表面上强大的商王朝已经是日薄西山、时日无多，而尚默默无闻的周却如日东升，前程远大。周文王被姜太公描绘的光明前景所鼓舞，迫不及待地向太公提出了何以取天下的问题。姜太公于是阐明了"天下非一人之天下，乃天下之天下也"这样一个重要命题，认为"同天下之利者则得天下，擅天下之利者则失天下"，要夺取天下，必须从"仁""德""义""道"几个方面着手。只要做到以上几点。那么就会"天下归之"，也就是可以夺取天下。纵览全篇，既提出了取天下的战略目标，又提出了取天下的措施和方法，因此可以把本篇看作灭商的战略决策和政治纲领。

日积月累

姜尚的钓法奇特，短干长线，线系竹钩，不用诱饵之食，钓杆也不垂到水里，离水面有三尺高，并且一边钓鱼一边自言自语："姜尚钓鱼，愿者上钩。"一个叫武吉的樵夫，看到姜子牙不挂鱼饵的直鱼钩，嘲讽道："像你这样钓鱼，别说三年，就是一百年，也钓不到一条鱼。"姜尚说："你只知其一，不知其二。曲中取鱼不是大丈夫所为，我宁愿在直中取，而不向曲中求。我的鱼钩不是为了钓鱼，而是要钓王与侯。"

后来，他果然"钓"到了周文王姬昌，帮助周文王完成了兴国大业，自己也被武王封于齐地，实现了建功立业的愿望。姜子牙钓出的可谓是一条"大鱼"。

成语"姜太公钓鱼，愿者上钩"便源于此。

中华传统文化

第18课　盈虚

　　盈虚，意为盛衰。本篇阐明了国家的治乱兴衰，不是由天命决定的，而在于国君的贤明与否。如果国君贤明，自然"国安而民治"，否则就会"国危而民乱"，接着以前世贤君帝尧为例，进一步阐明要达到"国安而民治"的目的，作为国君必须做到生活俭朴、轻徭薄赋、奖励农桑、赏功罚罪、存养孤苦，等等。

经典诵读

　　文王问太公曰："天下熙熙[1]，一盈[2]一虚，一治一乱，所以然者，何也？其君贤不肖不等乎？其天时变化自然乎？"

　　太公曰："君不肖，则国危而民乱；君贤圣，则国安而民治。祸福在君，不在天时。"

　　文王曰："古之贤君可得闻乎？"太公曰："昔者帝尧之王天下，上世所谓贤君也。"

　　文王曰："其治如何？"太公曰："帝尧王天下之时，金银珠玉不饰，锦绣文绮不衣，奇怪珍异

《六韬》竹简出土处

72

不视,玩好之器不宝,淫佚之乐不听,宫垣屋室不垩[3],甍桷橡楹[4]不斫,茅茨偏庭不剪。鹿裘御寒,布衣掩形,粝粱[5]之饭,藜藿[6]之羹,不以役作之故,害民耕绩之时。削心约志,从事乎无为。吏忠正奉法者尊其位,廉洁爱人者厚其禄,民有孝慈者爱敬之,尽力农桑者慰勉之,旌别淑慝[7],表其门闾,平心正节,以法度禁邪伪。所憎者,有功必赏;所爱者,有罪必罚。存养天下鳏寡孤独,振赡祸亡之家。其自奉也甚薄,其赋役也甚寡。故万民富乐而无饥寒之色,百姓戴其君如日月,亲其君如父母。"

文王曰:"大哉!贤君之德也。"

文选注释

【1】熙熙:纷扰杂乱的样子。

【2】盈:充满。虚,空虚,盈虚意指盛衰。

【3】垩:可供粉刷用的白土。此处意为粉刷。

【4】甍(méng):屋脊。桷(jué),横排在屋梁上的方形木条。橡,橡子。楹,厅堂前部的大柱子。

【5】粝(lì)粱:粗劣的粮食。

【6】藜藿(huò):野生粗劣的菜蔬。

【7】淑:善良,美好。慝,邪恶。

文选翻译

文王问太公说:"天下纷杂熙攘,有时强盛,有时衰弱,有时安定,有时混乱,之所以这样,是什么缘故?是由于君主贤明与不肖所致呢,还是天命变化自然递嬗的结果呢?"

太公回答说："君主不贤，则国家危亡而民众变乱；君主贤明，则国家安定而民众顺服。所以，国家的祸福在于君主的贤与不贤，而不在于天命的变化。"

文王问道："古时贤君的事迹，可以讲给我听听吗？"

太公回答说："从前帝尧统治天下，上古的人都称道他为贤君。"

文王问道："他是怎样治理国家的？"太公回答说："帝尧统治天下时，不用金银珠玉作饰品，不穿锦绣华丽的衣服，不观赏珍贵奇异的物品，不珍视古玩宝器，不听淫佚的音乐，不粉饰宫庭墙垣，不雕饰薨桷椽楹，不修剪庭院中的茅草。以鹿裘御寒，用粗布蔽体，吃粗粮饭，喝野菜汤。不因征发劳役而耽误民众耕织。约束自己的欲望，抑制自己的贪念，用清静无为的理念治理国家。官吏中，忠正守法的就升迁其爵位，廉洁爱民的就增加其俸禄。民众中孝敬长者、慈爱晚辈的给予敬重，尽力农桑的予以慰勉。区别善恶良莠，表彰善良人家，提倡心志公平，端正品德节操，用法制禁止邪恶诈伪。对自己所厌恶的人，如果建立功勋同样给予奖赏；对自己所喜爱的人，如果犯有罪行也必定进行惩罚。赡养鳏寡孤独，赈济遭受天灾人祸之家。至于帝尧自己的生活，则是十分俭朴，征收赋税劳役也十分微薄。因此，天下民众富足安乐而没有饥寒之色，百姓拥戴他如同景仰日月，亲近他如同亲近父母。"

文王说："伟大呀，帝尧这位贤君的德行！"

知识链接

《六韬》取名之义

今本《六韬》包括六篇，即《文韬》《武韬》《龙韬》《虎韬》《豹韬》《犬韬》。《后汉书·何进传》李贤注说："《太公六韬》篇，第一《霸典》，语言论；第二《文师》，武论；第三《龙韬》，主将；第四《虎韬》，偏裨；第五《豹韬》，校尉；第六《犬韬》，司马。"他把全书比喻为《周礼》六官式的系统，这是古人的一种解释。其中的《霸典》《文师》就是今本的《文韬》《武韬》。"韬"的本义，是用来装弓矢的皮匣子，但这里所说的"六韬"，却是用来装计谋的锦囊。

分享交流

1. 本文中，怎样体现了"法律面前人人平等"的朴素法治思想？（找出文中关键语句）用"清静无为"的黄老思想治国，有何利弊？

2. "以法度禁邪伪"是否体现了依法治国的思想，对现代有何借鉴意义？

中华传统文化

第19课　举贤

《举贤》首先阐明了"举贤而不获其功"导致"世乱愈甚，以致危亡"的原因在于："举贤而不能用"，有举贤之名，无用、贤之实。而造成这种局面的关键是用世俗之誉为标准取人，因此难以得到真正的人才。最后指出，解决问题的办法就是"按名督实，选才考能，令实当其名，名当其实"。

经典诵读

文王问太公曰："君务举贤，而不能获其功，世乱愈甚，以至危亡者，何也？"太公曰："举贤而不用，是有举贤之名，而无用贤之实也。"

文王曰："其失安在？"太公曰："其失在君好用世俗[1]之所誉，而不得真贤也。"

文王曰："何如？"太公曰："君以世俗之所誉者为贤，以世俗之所毁者为不肖，则多党[2]者进，少党者退。若是则群邪比周[3]而蔽贤，忠臣死于无罪，奸臣以虚誉取爵位。是以世乱愈甚，则国不免于危亡。"

文王曰："举贤奈何？"

太公曰："将相分职，而各以官名举人，按名督实。选才考

姜太公返京报政

76

能，令实当其名，名当其实，则得举贤之道也。"

文选注释

【1】世俗：指一般平常、凡庸的人。
【2】党：党羽。
【3】比周：串通勾结，结党营私。

文选翻译

文王问太公说："君主致力于举用贤能。但却不能收到实效，社会越来越动乱，以致国家陷于危亡，这是什么道理呢？"

太公答道："选拔出贤能而不加以任用，这是有举贤的虚名，而没有用贤的实质。"

文王问道："导致这种过失的原因在哪里呢？"

太公答说："在于君主喜欢任用世俗所称赞的人，因而就不能得到真正的贤人了。"

文王问道："为什么这样说呢？"

太公说："君主以世俗所称赞的人为贤能，以世俗所诋毁的人为不肖之徒，那么党羽多的人就会被进用，党羽少的人就会被排斥。这样邪恶之人就会结党营私而埋没贤能，忠臣无罪而被置于死地，奸臣凭借虚名骗取爵位，所以社会越来越混乱，国家也就不能避免危亡了。"

姜太公衣冠冢

文王问道："应该怎样举贤呢？"

太公答道："将相分工，根据各级官吏应具备的条件选拔贤能，根据官吏的职责考核其工作实绩。选拔各类人才。考查其能力强弱，使其德才与官位相称、官位同德才相称。这样就掌握了举贤的原则和方法了。"

课外拓展

据说当年周公旦初立分封，把自己的儿子分封到了鲁，而把姜太公封到了齐。当年，姜尚就回到镐京续职了，周公问他为什么这么快就回来了，姜尚说自己入乡随俗了，没什么事情要处理，就回来了。

两年之后，周公旦的儿子才回来，周公旦就问儿子，怎么这么久才回来。伯禽很自豪地报告，自己去的两年时间里，全面地施行了礼制，花两年时间制礼、作乐。

周公旦就预言，自己儿子的国家，以后无法和齐国相比了。

两种不同的管理方向，两个的文化氛围和命运截然不同。

这个传说它真实地道出了齐、鲁两国在治国方针上走的两条不同道路的状况。

日积月累

东汉时期的曹操思才若渴，注意延揽各方面的人才。在他创业之初，就极力网罗当世贤才以为己用。他在得到有"王佐之才"之誉的荀彧后，高兴地称其为"我之子房"，委以重任。荀彧又向他推荐荀攸、郭嘉两位很有谋略的人。曹操任荀攸为军师，让郭嘉参与机要。这三人成为曹操扫平群雄的智囊人物。曹操每打败一个强敌，占据一块地盘，都尽力把敌方及当地的有用之才搜罗到自己麾下。原刘表属下的才士王粲归降曹操后曾感慨地说，袁绍、刘表手下都有很多俊杰奇士，但都不为所用，曹操却多方罗致人才，"使海内回心，望风而愿治，文武并用，英雄毕力，此三王之举也"。对敌方的降将，曹操摒弃前嫌，加以重用，如张辽、徐晃、张郃等人，后来都成为曹操军中佐命立功的名将。再如建安七子之一的陈琳，文才出众，曾为袁绍起草讨伐曹操的檄文，曹操也既往不咎，让他掌管文书工作，后来曹操军中书檄多出自他手。

曹操选才用人的特点是"按名督实"，不以"世俗之所誉者为贤"，唯才是举，不拘一格。他多次颁布求贤令，命属下破除时俗，以才能为举贤的最高标准，"明扬仄陋，唯才是举"。

曹操既有举贤之名又有举贤之实：能够从善如流，真正发挥他们的才智，采纳有益的建议，即使意见没被采纳，也对提意见者予以鼓励。这样，就收到了"举贤而获其功"的效果。曹操广揽天下贤才以为己用，终于成就了辉煌的业绩。从招揽人才这一点，姜太公可以算是曹操的老师了。

中华传统文化

第20课　兵道

《兵道》主要论述了用兵的基本原则和方法。主要阐明了以下几点：一是强调"凡兵之道，莫过于一"，就是用兵要集中兵力，集中指挥，行动一致。二是"存"和"亡""乐"和"殃"虽然是对立的，但在一定条件下又互相转化。三是在两军相遇、势均力敌的情况下，要取得胜利，必须示形动敌，欺骗敌人，声东击西。四是兵贵神速，击敌不意，即"兵胜之术，密察敌人之机而速乘其利，复疾击其不意。"

经典诵读

　　武王问太公曰："兵道何如？"太公曰："凡兵之道，莫过乎一【1】。一者，能独往独来【2】。黄帝曰：'一者，阶于道【3】，几于神【4】。'用之在于机，显之在于势，成之在于君。故圣王号兵为凶器，不得已而用之。今商王知存而不知亡，知乐而不知殃。夫存者非存，在于虑亡；乐者非乐，在于虑殃。今王已虑其源，岂忧其流乎！"

　　武王曰："两军相遇，彼不可来，此不可往，各设固备，未敢先发。我欲袭之，不得其利，为之奈何？"太公曰："外乱而内整，示饥而实饱，内精而外钝【5】。一合一离，一聚一散。阴其谋，密其机，

姜太公像

高其垒，伏其锐士，寂若无声，敌不知我所备。欲其西，袭其东。"

武王曰："敌知我情，通我谋，为之奈何？"太公曰："兵胜之术，密察敌人之机，而速乘其利，复疾击其不意。"

文选注释

【1】一：事权专一，指挥统一的意思。

【2】独往独来：自由行动，不受牵制。

【3】阶于道：阶，阶梯，指逐步通向。道，规律，道理。

【4】几于神：几，接近。神，神妙莫测。"

【5】钝：不锋利。引申为疲软、衰弱。

文选翻译

武王问太公说："用兵的原则是什么？"太公回答道："一般用兵的原则，没有比指挥上的高度统一更重要的了。指挥统一，军队就能独往独来，所向无敌。黄帝说：'统一指挥基本上符合用兵的规律，几乎可以达到神妙莫测的用兵境界。'运用统一指挥这一原则，关键在于把握时机；显示这一原则，关键在于利用态势；成功地利用这一原则，关键在于君主。所以古代圣王称战争为凶器，只有在不得已时才使用它。商王只知道他的国家存在，而不知道他的国家已面临危亡；只知道纵情享乐，而不知道他已面临祸殃。国家能否长存，不在于眼下是否存在，而在于能否做到居安思危；君主能否享乐，不在于眼前是否享乐，而在于能否做到乐不忘忧。您已思虑到安危存亡的根本问题，至于其他枝节问题还有什么好忧虑的呢？"

中华传统文化

古代作战图

武王问道:"两军相遇,敌人不能来进攻我,我也不能去攻打敌人。双方都设置了坚固的守备,谁都不敢率先发起攻击,我想袭击他,又没有有利条件,应该怎么办呢?"

太公回答说:"要外表佯装混乱,而内部实际严整;外表伪装缺粮,而实际储备充足;实际战斗力强大,而装作战斗力衰弱。使军队或合或离,或聚或散,装作没有节制纪律以迷惑敌人。隐匿自己的计谋,保守自己的意图,加高巩固壁垒。埋伏精锐,隐蔽肃静,无形无声,使敌人无从知道我方的兵力部署。想要从西边发起攻击,则先从东边进行佯攻。"

武王问道:"如果敌人已经知道我军情况,了解了我方计谋,那该怎么办?"太公答说:"作战取胜的方法,在于周密地察明敌情,抓住有利的战机,在出其不意的情况下,给予其迅猛的打击。"

知识链接

"兵胜之术,密察敌人之机"核心就在于料敌虚实,明察战机,并能紧紧把握住稍纵即逝的战机,"而速乘其机,复疾击其不意"。郑庄公就是正确运用这一原则,取得了一次大胜。

春秋初期,郑庄公凭借国力强盛,侵伐诸侯,不听王命。周桓王为保持王室独尊地位,于十三年(公元前707年)秋,亲率周、陈、蔡、卫联军伐郑,郑庄公率军迎战于繻葛(今河南长葛北)。联军以周军为中军,陈军为左军,蔡、卫军为右军，布成一个传统的"品"字形三军之阵。郑庄公则一反传统战法，以中军和左、右拒（左、右两个方阵）布成一个倒"品"字形的"鱼丽之阵"。

开战前，郑大夫子元首先观察分析了联军的阵势，发现其左、右军都很薄弱，尤其是左军，阵形混乱，人无斗志。于是他向庄公建议：先以我右拒攻敌左军，陈军必定败走，周王的中军也会受到震惊而发生混乱；再以我左军攻敌右军，蔡军、卫军就会支持不住，像陈军一样败走；然后集中兵力进攻敌中军，就能获得全胜。庄公采纳了这一建议，立即向联军左军发动攻击，陈军一触即溃。失去左翼配合的右翼蔡、卫军，在郑军猛烈攻击下，也纷纷败退。周中军为左、右军溃兵所扰，阵势大乱，郑军乘势合兵而击，桓王中箭负伤，大败而归。

此战郑军的实力弱于联军，但因郑庄公和子元善于料敌察机，变换阵法，先弱后强，逐一攻击，各个击破，终于获得了胜利。

课外拓展

1. 兵法上讲："上兵伐谋"，又说"兵不厌诈"。请你结合本文进行理解，把其中的道理讲给同学听。

2. "凡兵之道，莫过乎一"，即指作战过程中，要统一指挥。这与将帅虚心听取下属的意见是不是相矛盾的？

3. 举出几个避实就虚、各个击破的战例，以加深对本文的理解。

第六单元　稷下论坛

　　稷下学宫，又称稷下之学，是战国时期齐国的官办高等学府，始建于田齐桓公。稷下位于齐国国都临淄（今山东省淄博市）稷门附近。齐宣王之时，在稷下扩置学宫，招致天下名士。儒家、道家、法家、名家、兵家、农家、阴阳家等百家之学，会集于此，自由讲学，著书论辩。本单元，我们将主要学习作为诸子百家的儒家代表人物孟子、荀子各两篇文章。其中，孟子的两篇文章（注：本教材取名为《仁者无敌》和《人性本善》)，分别讲述的主要观点是传统儒家学说的核心"仁"和"性善论"；而荀子的两篇文章（节选）则分别讲述的是"礼"在治理国家中的作用，以及与孟子学说完全相反的"性恶论"。

第21课　仁者无敌

> 仁者无敌，后来演变成为汉语成语，出处即是出自《孟子》的《梁惠王上》。它的基本含义是：施行仁政的君王，必然赢得民众的拥戴；上下一心，众志成城，是无人可敌的。

经典诵读

梁惠王曰："晋国[1]，天下莫强焉，叟之所知也。及寡人之身，东败于齐[2]，长子死焉；西丧地于秦七百里[3]；南辱于楚[4]。寡人耻之，愿比[5]死者一洒之，如之何则可？"孟子对曰："地方百里[6]而可以王。王如施仁政于民，省刑罚，薄税敛，深耕易耨[7]；壮者以暇日修其孝悌忠信，入以事其父兄，出以事其长上。可使制梃以达秦楚之坚甲利兵矣。彼夺其民时，使不得耕耨以养其父母。父母冻饿，兄弟妻子离散，彼陷溺其民，王往而征之，夫谁与王敌？故曰：'仁者无敌。'王请勿疑！"

孟子像

文选注释

【1】晋国：韩、赵、魏三家分晋，被周天子和各国承认为诸侯国，称三家为三晋，所以，梁（魏）惠王自称魏国也为晋国。

【2】东败于齐，长子死焉：公元前341年，魏与齐战于马陵，兵败，主将庞涓被杀，太子申被俘。

【3】西丧地于秦七百里：马陵之战后，魏国国势渐衰，秦屡败魏国，迫使魏国献出河西之地和上郡的十五个县，约七百里地。

【4】南辱于楚：公元前324年，魏又被楚将昭阳击败于襄陵，魏国失去八邑。

【5】比：替，为；一：全，都；洒：洗刷。全句说，希望为全体死难者报仇雪恨。

【6】地方百里：方圆百里的土地。

【7】易耨：及时除草。易，疾，速，快；耨，除草。

稷下先生争鸣图

文选翻译

惠王说："魏国曾一度在天下称强，这是老先生您知道的。可是到了我这时候，东边被齐国打败，连我的大儿子都死掉了；西边丢失了七百里土地给秦国；南边又受楚国的侮辱。我为这些事感到非常羞耻，希望替所有的死难者报仇雪恨，我要怎样做才行呢？"

孟子回答说："只要有方圆一百里的土地就可以使天下归服。大王如果对老百姓施行仁政，减免刑罚，少收赋税，深耕细作，及时除草；让身强力壮的人抽出时间

86

修养孝顺、尊敬、忠诚、守信的品德，在家侍奉父母兄长，出门尊敬长辈上级。这样就是让他们制作木棒也可以打击那些拥有坚实盔甲锐利刀枪的秦楚军队了。那些秦国、楚国的执政者剥夺了他们老百姓的生产时间，使他们不能够深耕细作来赡养父母。父母受冻挨饿，兄弟妻子东离西散。他们使老百姓陷入深渊之中，大王去征伐他们，有谁来和您抵抗呢？所以说：'施行仁政的人是无敌于天下的。'大王请不要疑虑！"

知识链接

孟子

孟子（约公元前372年至公元前289年），名轲，字子舆，战国中期邹国人（现在的山东邹县），距离孔子的故乡曲阜不远。孟子是著名的思想家、政治家、教育家，孔子学说的继承者，儒家的重要代表人物。相传孟子是鲁国贵族孟孙氏的后裔，幼年丧父，家庭贫困，曾受业于子思的学生。孟子学成以后，以士的身份游说诸侯，企图推行自己的政治主张。他继承了孔子"仁"的思想并将其发展成为"仁政"，被称为"亚圣"。

魏惠王

魏惠王（公元前400年至公元前319年），战国时期魏国的国君，是武侯之子，又称梁惠王。公元前369年至公元前319年在位。魏国自魏文侯任用李悝施行变法，开始强盛。到魏惠王时，他进一步实行改革，国力更加强大。他大力兴修水利，开发川泽；并实行了"武卒"制度，采用统一的标准，选拔武卒，免除全户的赋税；控制交通、修筑长城。他还招纳贤人，锐意整军，魏国一度人才济济。但后来因为魏惠王接连不断地对外用兵，军事上树敌过过多，对外政策飘忽不定，最终使魏国国势渐弱。

中华传统文化

课外拓展

1. 本文中孟子用什么方法劝说梁惠王？反映了孟子的什么政治主张？这个主张有什么可取之处？又有什么局限性？

2. 你认为，梁惠王会采纳孟子的主张吗？

3. 有的时候，手持木棒，真的能打败拥有坚实盔甲、锐利刀枪的军队吗？

第22课 人性本善

> 本文选自《孟子·告子》。《孟子·告子》记录了孟子和其学生告子（一说是墨子的学生）之间有关人性道德的讨论，和《论语》类似，是孟子"性善论"思想较为完整的体现。连带的是仁义道德与个人修养的问题。对精神与物质、感性与理性、人性与动物性等问题也有所涉及。
>
> 本篇选自《孟子·告子上》，题目是编者加的。

经典诵读

公都子[1]曰："告子曰：'性无善无不善也。'或曰：'性可以为善，可以为不善；是故文武兴，则民好善；幽厉兴，则民好暴。'或曰：'有性善，有性不善。是故以尧为君而有象[2]，以瞽瞍[3]为父而有舜，以纣为兄之子，且以为君，而有微子启、王子比干。'今曰'性善'，然则彼皆非与？"

孟子曰："乃若[4]其情[5]，则可以为善矣，

孟子讲学图

乃所谓善也。若夫为不善，非才【6】之罪也。恻隐之心，人皆有之；羞恶之心，人皆有之；恭敬之心，人皆有之；是非之心，人皆有之。恻隐之心，仁也；羞恶之心，义也；恭敬之心，礼也；是非之心智也。仁义礼智，非由外铄【7】我也，我固有之也，弗思耳矣。故曰：'求则得之，舍则失之。'或相倍蓰【8】而无算者，不能尽其才者也。"

文选注释

【1】公都子：孟子的学生。

【2】象：舜的异母弟，品行不善。

【3】瞽瞍（gǔ sǒu）：舜的父亲，品行不善。

【4】乃若：转折连词，大致相当于"至于"等。

【5】情：指天生的性情。

【6】才：指天生的资质。

【7】铄（shuò）：授予。

【8】蓰（xǐ）：五倍。

稷下学宫图

文选翻译

公都子说："告子说：'人性无所谓善良不善良。'又有人说：'人性可以使它善良，也可以使它不善良。所以周文王、周武王当朝，老百姓就善良；周幽王、周厉王当朝，老百姓就横暴。'也有人说：'有的人本性善良，有的人本性不善良。所以虽然有尧这样善良的人做天子却有象这样不善良的臣民；虽然有瞽瞍这样不善良的父亲却有舜这样善良的儿子；虽然有殷纣王这样不善良的侄儿，并且做了天子，却也有微子启、王子比干这样善良的长辈和贤臣。'如今老师说'人性本善',那么他们都说错了吗?"

孟子说:"从天生的性情来说,都可以使之善良,这就是我说人性本善的意思。至于说有些人不善良,那不能归罪于天生的资质。同情心,人人都有;羞耻心,人人都有;恭敬心,人人都有;是非心,人人都有。同情心属于仁;羞耻心属于义;恭敬心属于礼;是非心属于智。这仁义礼智都不是由外在的因素强加给我的,而是我本身所固有的,只不过平时没有去想它因而不觉得罢了。所以说:'探求就可以得到,放弃便会失去。'人与人之间有相差一倍、五倍甚至无数倍的,正是由于没有充分发挥他们的天生资质的缘故。"

日积月累

从孟子的性善论来看,仁义礼智等德行,都是由每个人天生的善端发生来的,它们根植于人的内心,而并非外界强加给人的。

本文中,学生公都子更为全面地提出了人性问题来和孟子进行讨论,除了告子的观点外,还另外举出了两种观点,且有理有据,说服力较强。这一次孟子没有以诘难或推谬的方式进行辩论,而是正面阐述了自己关于人性本善的看法。说是阐述,其实也是重申,因为其主要内容,即关于恻隐、羞恶、恭敬、是非"四心",以及它们与仁、义、礼、智之间的内在联系,他在《公孙丑上》里已经提出并阐述过了。只不过在那里是从"人皆有不忍人之心"出发,探讨"四心"与"仁政"之间的关系,具有政治心理学的色彩。而这里则是纯从人性探讨的角度出发,回答学生关于人性是否天生善良的问题。

知识链接

孟母三迁

　　孟子的母亲，世人称她孟母。孟子小时候，居住的地方离墓地很近，孟子学了些祭拜之类的事，玩起办理丧事的游戏。他的母亲说："这个地方不适合孩子居住。"于是将家搬到集市旁，孟子就学了些做买卖和屠杀的东西。母亲又想："这个地方还是不适合孩子居住。"又将家搬到学宫旁边。孟子就学习会了在朝廷上鞠躬行礼及进退的礼节。孟母说："这才是孩子居住的地方。"就在这里定居下来了。

课外拓展

　　1. 你是如何认识孟子的"性善论"的？"性善论"说的就是"人一生下来就知道善恶美丑"吗？如果不是，那又是什么？

　　2. 孟子认为，"四心"人皆有之。是先天就有的呢，还是后天学习或受别人影响才有的呢？如果是先天就有的，那么孟母三迁，又是为了什么？

　　3. 我们如何保持并发扬自身本来就有的一些善行？

第23课　修身

> 　　修身，是指修养身心，努力提高自身的思想道德修养水平。儒家自孔子开始，就十分重视修身。儒家的"修身"标准，主要是"忠恕之道"和"三纲五常"，修身的过程是格物、致知、诚意、正心。修身是本，齐家、治国、平天下是末。由此通过"反省内求"的方法，使个人的行为同封建道德相吻合。

经典诵读

　　礼者，所以正身也；师者，所以正礼也。无礼，何以正身？无师，吾安知礼之为是也？礼然而然，则是情安礼也；师云而云，则是知若师也。情安礼，知若师，则是圣人也。故非礼，是无法也；非师，是无师也。不是师法而好自用，譬之，是犹以盲辨色、以聋辨声也，舍乱妄无为也。故学也者，礼法也；夫师，以身为正仪[1]而贵自安者也。《诗》云[2]："不识不知，顺帝之则。"此之谓也。

荀子像

中华传统文化

文选注释

【1】正仪：正确的准则，榜样。
【2】诗云：引诗见《诗经·大雅·皇矣》。

文选翻译

礼法，是用来端正身心的；老师，是用来正确阐明礼法的。没有礼法，用什么来端正身心呢？没有老师，我哪能知道礼法是什么样的呢？礼法是这样规定的就这样做，这是他的性情安于礼法；老师是这样说的他就这样说，这是他的理智顺从老师。性情安于礼法，理智顺从老师，那就是圣人。所以违背礼法，那就是无视礼法；违背老师，那就是无视老师。不赞同老师和礼法而喜欢刚愎自用，拿他打个比方，那就好像让瞎子来辨别颜色、让聋子来分辨声音，除了胡说妄为之外是不会干出什么好事来的。所以学习，就是学习礼法；那老师，就是以身作则而又重视使自己安守礼法的人。《诗》云："好像不懂又不知，依顺上帝的法则。"就是说的这种情况。

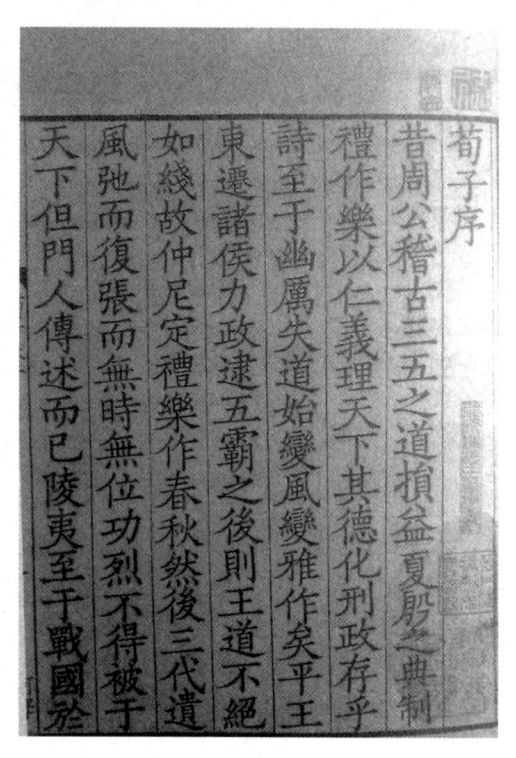

《荀子》

分享交流

本文主要从礼法的角度，来阐释老师的作用，以及学习礼法的人应该注意的问题。文中再次强调"礼"与"师"在修身中的重要作用，并指出君子的良好品德可以感召世人，可以在任何环境下做普通人做不到的事情。因此，荀子认为，所谓的君子，就是那些淡泊名利、深谋远虑、珍惜名誉、勇于为理想献身的人。

除了上述观点，荀子的《修身》篇还从以下几个方面进行了阐述：一是君子隆师亲友、好善不厌，因而能够取得成功；二是通过修身使品德高尚是公认的善，而修身则必须在礼的制约下完成；三是良好品德修养可以使人轻视富贵权力，横行天下，转危为安；四是修身不是一件容易的事，无论圣人、君子、还是士，要达到完满的境界，必须不休不辍。而深明法度真义，是修身的基础，依法度行事才能体现出修养的魅力，等等。

知识链接

荀子

荀子（公元前313年至公元前238年）名况，时人尊而号为"卿"；因"荀"与"孙"二字古音相通，故又称孙卿。战国时期赵国人，著名思想家，教育家，儒家代表人物之一。对儒家思想有所发展，对重整儒家典籍也有相当的贡献。

百家争鸣的主要内容

稷下学宫是战国时期的文化学术中心，百家争鸣是稷下学风的显著特征。稷下学者所争鸣的议题丰富而广泛，它既有不同学术观点的话题，又有不同政治主张的阐述，主要有天人之辩、性恶性善之辩、义利之辩、王霸之辩、名实之辩、世界本源之辩、德治法治之辩、本事末事之辩、用兵寝兵之辩等。

荀子亭

中华传统文化

课外拓展

1. 诸子百家的修身标准和要求，都有什么相同点和不同点？

2. 利用资料，查一下荀子眼里的君子是一些什么样的人。

3. 思考一下：我们新时代的中学生，应该着重从哪些方面，提高自身的修养，形成良好的行为和道德习惯？

第24课　性恶

性恶论中国古代人性论的重要学说之一，认为人的本性具有恶的道德价值，战国末期的荀子倡导这种理论。性恶论以人性有恶，强调道德教育的必要性，性善论以人性向善，注重道德修养的自觉性，二者既相对立，又相辅相成，对后世人性学说产生了重大影响。

经典诵读

人之性恶，其善者伪也。今人之性，生而有好利焉，顺是，故争夺生而辞让亡焉；生而有疾恶焉，顺是，故残贼生而忠信亡焉；生而有耳目之欲，有好声色焉，顺是，故淫乱生而礼义文理亡焉。然则从人之性，顺人之情，必出于争夺，合于犯分乱理，而归于暴。故必将有师法之化，礼义之道，然后出于辞让，合

荀子墓

于文理，而归于治。用此观之，人之性恶明矣，其善者伪也。

故枸木必将待檃栝、烝矫然后直；钝金必将待砻厉然后利；今人之性恶，必将待师法然后正，得礼义然后治，今人无师法，则偏险而不正；无礼义，则悖乱而不治，古者圣王以人性恶，以为偏险而不正，悖乱而不治，是以为之起礼义，制法度，以矫饰人之情性而正之，以扰化人之情性而导之也，始皆出于治，合于道者也。今人之化师法，积文学，道礼义者为君子；纵性情，安恣睢，而违礼义者为小人。用此观之，人之性恶明矣，其善者伪也。

文选翻译

人的本性是恶的，那些善良的行为是人为的；人从一生下来就有贪图私利之心，因循着这种本性，人与人之间就要发生争夺，也就不再讲求谦让了；人一生下来就有忌妒仇恨的心理，因循着这种本性，于是就会发生残害忠厚善良之人的事情，这样忠诚信实就丧失了。人生来就有爱好声色的本能，喜欢听好听的，喜欢看好看的，因循着这种本性，就会发生淫乱的事情，礼仪制度和道德规范就都丧失了。既然这样，放纵人的本性，顺着人的情欲，就一定会发生争夺，就会违反等级名分、扰乱礼仪制度的事，从而引起暴乱；所以，一定要有师长和法制的教化、礼义的引导，然后才能确立合乎等级制度的正常秩序，实现社会的稳定。

所以，人性本恶的道理已经很清楚了，那些善良的行为是人为的。

所以，弯曲的木头，一定要通过工具的矫正加热，然后才能挺直；不锋利的金属器具一定要通过打磨才能锋利。人"恶"的本性，一定要依靠师法的教化，然后才能纠正，懂得礼义，天下治平。如果没有师法的教化，就会偏邪险恶而不端正；不通礼义，就会叛逆作乱而社会动荡。古代的圣王，由于人性恶劣，偏邪而不端正，叛逆作乱，不守秩序，因此制定了礼仪制度，用来矫正人的性情，驯服教化并引导他们。使人们遵守社会秩序，合乎道德规范。现在，人们只要接受师法的教化，积累学识，遵循礼义，就是君子；放纵个人的性情，胡作非为，违背礼义，就是小人。所以，人性本恶的道理已经很清楚了，那些善良的行为是人为的。

分享交流

荀子认为，人一生下来，就会存在许多的欲望，而这些欲望如果不加节制，就会发展转化成为"大恶"的东西。这种可能性是完全存在的。所以，文中荀子反复强调了"师法""教化"的重要性，指出，一定要遵从先人制定的礼仪制度，来教育、引导人民。荀子的性恶论的思想在先秦百家关于人性的论断中独树一帜，他的思想对后世今天的意义都是值得我们去思考的。

"性恶论"在名声上自然没有"性善论"那么入耳。其实，就如同"性善论"并不能使人自动行善一样，"性恶论"的含义也并非准许人随意作恶。性恶之恶就其本义而言，是指人类作为一种生物，所本来具有的生存本能。是生物就要生存，就一定要求生。既然一定要求生，也就没有必要否定它、回避它。荀子的做法只是没有回避它而已。从这一点来看，荀子直指人的本性，较之孟子的多方论辩更具有"因人性"的一面。孟子的学说是以"性善论"作为开端的，荀子背负"性恶"的恶名，但却具有更多的合理性。

对于荀子性恶论的本意，学术界也曾有学者予以理解，甚至支持荀子的观点。荀子的哲学可以说是教养的哲学。他的总论点是：凡是善的、有价值的东西都是人努力的产物。价值来自文化，文化是人的创造。正是在这一点上，人在宇宙中与天、地有同等的重要性。

课外拓展

1. 在班内举行一场"性善论"和"性恶论"的辩论。要求能够自圆其说。
2. 你认为，荀子主张"性恶论"，其中有什么积极的意义？

第七单元 《考工记》文选

  《考工记》是中国战国时期记述官营手工业各工种规范和制造工艺的文献，全书共 7100 余字，记述了木工、金工、皮革、染色、刮磨、陶瓷等六大类 30 个工种的内容，反映出当时中国所达到的科技及工艺水平。此外《考工记》还有数学、地理学、力学、声学、建筑学等多方面的知识和经验总结。书中保留有先秦大量的手工业生产技术、工艺美术资料，记载了一系列的生产管理和营建制度，一定程度上反映了当时的思想观念。《考工记》在中国科技史、工艺美术史和文化史上都占有重要地位。

  关于《考工记》的作者和成书年代，长期以来学术界有不同看法。多数学者认为，该书是齐国官书（即齐国政府制定的指导、监督和考核官府手工业、工匠劳动制度的书），作者为齐国稷下学宫的学者；该书主体内容编纂于春秋末至战国初期，部分内容补于战国中晚期。

中华传统文化

第25课　百工

人说：三百六十行，行行出状元。在古齐国，不仅农业、工商业高度发达，人民富裕，而且从《考工记》一书就也能看到，当时已专门派生出了一个特别的行业：百工。说得通俗一些，就是手工业。当时的手工业十分发达，形成了各自的门类，并且手艺高超，制作出了许多耐用、灵巧的器具，为当时的工、农、商业发展，提供了必要的条件。

经典诵读

国有六职，百工与居一焉。或坐而论道，或作而行之，或审曲面执，以饬五材，以辨民器，或通四方之珍异以资之，或饬力以长地财，或治丝麻以成之。坐而论道，谓之王公；作而行之，谓之士大夫；审曲面执，以饬五材，以辨民器，谓之百工；通四方之珍异以资之，谓之商旅；饬力以长地财，谓之农夫；治丝麻以成之，谓之妇功。

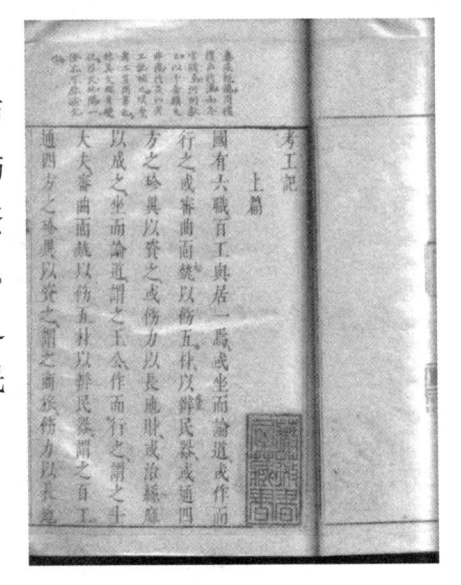

《考工记》

文选翻译

国家有六类职业，百工是其中之一。有的人安坐而谋虑治国之道；有的人起来执行治国之道；有的人审视五材的曲直、方圆，以加工整治五材，而具备民众所需的器物；有的人使四方珍异的物品流通以供人们购取；有的人勤力耕耘土地而使之生长财富；有的人纺绩丝麻而制成衣服。安坐而谋虑治国之道的，是王公；起来执行治国之道的，是士大夫；审视五材的曲直、方圆，以加工整治五材，而具备民众所需器物的，是百工；使四方珍异物品流通以供人们购取的，是商旅；耕耘土地而使之生长财富的，是农夫；纺绩丝麻而制成衣服的，是妇功。

制矢图

分享交流

百工，一般认为是古代营建制造的工官名称，以后沿用为各种手工业者和手工业行业的总称。《考工记·总序》："国有六职，百工与居一焉。……审曲面势，以饬五材，以辨民器，谓之百工。"郑玄对《考工记》的注解为："百工，司空事官之长，司其官金、石、竹、漆、土、木之属……司空掌营城郭、建都邑、立社稷宗庙、造宫室车服器械。"西周铜器令彝、伊簋铭文及《尚书·康诰》都有百工一词，意指从事各种手工业的工奴，有的兼指管理工奴的工官。春秋战国时，工商食官的格局已渐被打破，出现了私人手工业者，故《论语·子张》中有"百工居肆，以成其事"，表明百工已成手工业者的通称。

相对于其他如王公、士大夫、商旅、妇功，"百工"这个行业的科技含早似乎更高一些。

中华传统文化

课外拓展

1. "百工",即指手工业者。你了解当时的手工业制造都是哪些科目?都取得过什么样的成就?

2. 历来对"百工"的从业者,都抱有一丝轻蔑,甚至是瞧不起,认为这一行业低人一等。对此,你有什么看法?

3. 思考一下:第二次世界大战以后,德国和日本靠什么起家?2008年国际金融风暴后,美国提出了"制造业回归"的经济策略,你对此有什么看法?

4. 你如何理解"中国制造"和"中国创造"?

第26课　兵器

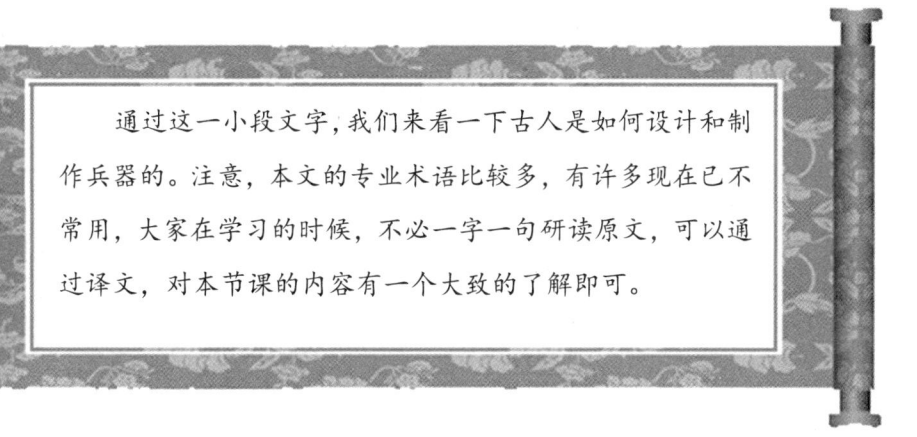

通过这一小段文字，我们来看一下古人是如何设计和制作兵器的。注意，本文的专业术语比较多，有许多现在已不常用，大家在学习的时候，不必一字一句研读原文，可以通过译文，对本节课的内容有一个大致的了解即可。

经典诵读

冶氏为杀矢，刃长寸围寸，铤十之，重三垸。戈广二寸，内倍之，胡三之，援四之，已倨则不入，已句则不决。长内则折前，短内则不疾，是故倨句外博，重三锊。戟广寸有半寸，内三之，胡四之，援五之，倨句中矩，与刺重三锊。

桃氏为剑，腊广二寸有半寸，两从半之。以其腊广为之茎围，长倍之，中其茎，设其后。参分其腊广，去一以为首广，而围之。身长五其茎长，重九锊，谓之上

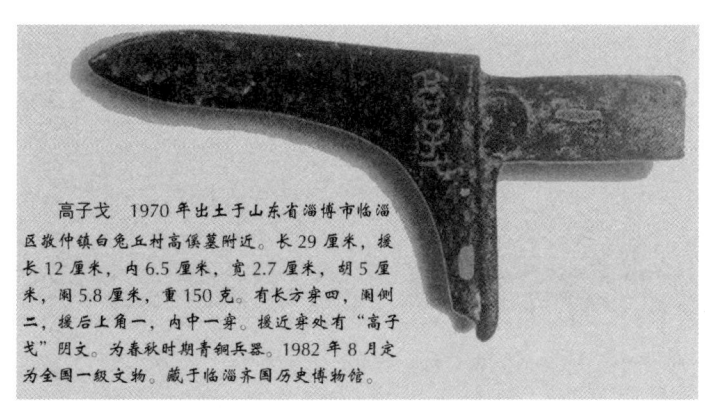

高子戈　1970年出土于山东省淄博市临淄区敬仲镇白兔丘村高傒墓附近。长29厘米，援长12厘米，内6.5厘米，宽2.7厘米，胡5厘米，阑5.8厘米，重150克。有长方穿四，阑侧二，援后上角一，内中一穿。援近阑处有"高子戈"阴文。为春秋时期青铜兵器。1982年8月定为全国一级文物。藏于临淄齐国历史博物馆。

临淄出土的高子戈

制，上士服之。身长四其茎长，重七锊，谓之中制，中士服之。身长三其茎长，重五锊，谓之下制，下士服之。

文选翻译

冶氏制作作为兵器用的矢，矢刃长二寸，最宽的地方围长一寸，铤长十寸，重三垸。戈宽二寸，内的长度比宽加一倍，胡的长度是宽的三倍，援的长度是宽的四倍。援太向上仰就不便于啄击，援太向下勾就不能割断创处，内太长就容易折断援，内太短啄击就不迅捷，因此使援与胡之间的角度稍向外张。戈重三锊。戟宽一寸半，内的长度是宽的三倍，胡的长度是宽的四倍，援的长度是宽的五倍，刺、胡与援、内纵横相交呈直角，援、胡、内与刺共重三锊。

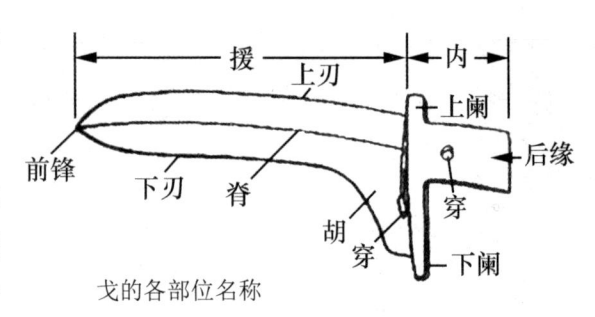

戈的各部位名称

桃氏制作剑，剑的腊宽二寸半，两从的宽度各占一半。以腊的宽度作为茎的围长，茎的长度则比围长加一倍。在茎的中间部分，设置用绳缠的后。把腊的宽度分成三等分，去掉一等分作为剑首的直径，而据此制作剑首的围长。剑的身长是茎长的五倍，重九锊，称为上制，上等身材的勇士佩用它；剑的身长是茎长的四倍，重七锊，称为中制，中等身材的勇士佩用它；剑的身长是茎长的三倍，重五锊，称为下制，下等身材的勇士佩用它。

分享交流

本文中，有关兵器制作的术语很多，重量、长度单位也很多，有一些也已经很难准确地进行考证。但虽然我们不能很精准地理解或描绘、想象出这些兵器的形状、大小、锋利程度，但仅从字面描写，我们也可以看到，当时人们制作这些兵器的时候，是有一套严格的程序的，工艺过程也是非常规范的。有的地方，还会根据使用时候的需要，进行细小的调整，如，"长内则折前，短内则不疾"，等等。古人进行手工制作时的精细、严谨态度，是非常值得我们学习的。

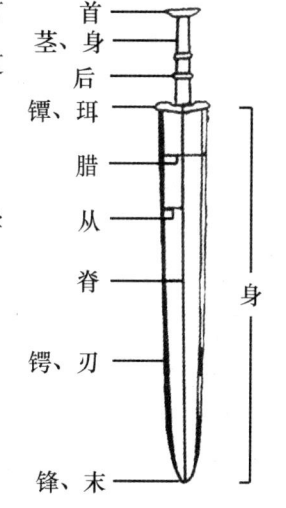

古剑各部位名称：首、茎（身后）、镡、珥、腊、从、脊、锷、刃、锋、末；身

知识链接

青铜戈

戈是由镰刀类的农业生产工具演化而来的一种兵器，在青铜器时期，戈是军中必备的主要兵器。在商朝，青铜戈的使用已相当普遍，到了战国晚期，随着铁制兵器的出现，青铜戈逐渐被淘汰。到了西汉时期，青铜戈就基本上不再使用了。

课外拓展

1. 你熟悉矢、戈、剑、戟之类的兵器吗？简单画出它们的形状。

2. 兵器的好坏，向来代表着一个国家的科学发展、工艺制作的水平。在当今世界，是不也是这样的？你是怎样知道的呢？

3. 对制作工艺感兴趣的同学，可以在资料的帮助下，认真地研读原文，并附以图形说明。

第27课　建筑

上一节课我们学习了《考工记》中对兵器制作的介绍，下面这一小段文字，我们来看一下古人是如何设计和制作建筑和居所的。同样，本文的专业术语比较多，有许多现在已不常用，大家在学习的时候，不必逐字逐句研读原文，可以通过译文，对本节课的内容有一个大致的了解即可。

学习、弄通了本文，你是不是就能够成为一个建筑设计师了呢？

经典诵读

凡为防，广与崇方其𥪡参分去一，大防外𥪡，凡沟防，必一日先深之以为式，里为式，然后可以傅众力。凡任索约，大汲其版，谓之无任。茅屋参分，瓦屋四分，囷、窌、仓、城，逆墙六分，堂涂十有二分，窦，其崇三尺，墙厚三尺，崇三之。

文选翻译

凡修筑堤防，上顶的宽度与堤防的高度相等，上顶的宽度与下基宽度之比为二比三。较高大的堤防下基需加厚（坡度还要平缓）。凡修筑沟渠堤防，一定要先以匠人一天修筑的进度作为参照标准，又以完成一里工程所需的匠人及日数来估算整个工程所需的人工，然后才可以调配人力实施工程计划。版筑墙壁与堤防时，用绳索校直、绑扎筑版和木桩；如绑扎筑版过紧或受力不匀，致使模型板变形或受损，就不能胜任支撑承压的功能。茅屋屋架高度为进深的三分之一，瓦屋屋架高度为进深的四分之一。圆仓、地窖、方仓和城墙，顶部宽度是高度的六分之一，筑成逆墙。堂下阶前之路，以路中央至路边的宽度的十二分之一，作为路中央高出路边的高度。宫中水道，截面高三尺。宫墙厚三尺，高度为墙厚的三倍。

经典诵读

匠人营国，方九里，旁三门。国中九经九纬，经涂九轨，左祖右社，面朝后市，市朝一夫。夏后氏世室，堂修二七，广四修一，五室，三四步，四三尺，九阶，四旁两夹，窗，白盛，门堂三之二，室三之一。殷人重屋，堂修七寻，堂崇三尺，四阿重屋。周人明堂，度九尺之筵，东西九筵，南北七筵，堂崇一筵，五室，凡室二筵。室中度以几，堂上度以筵，宫中度以寻，野度以步，涂度以轨，庙门容大扃七个，闱门容小扃三个，路门不容乘车之五个，应门二彻三个。内有九室，九嫔居之。外有九室，九卿朝焉。九分其国，以为九分，九卿治之。王宫门阿之制五雉，宫隅之制七雉，城隅之制九雉，经涂九轨，环涂七轨，野涂五轨。

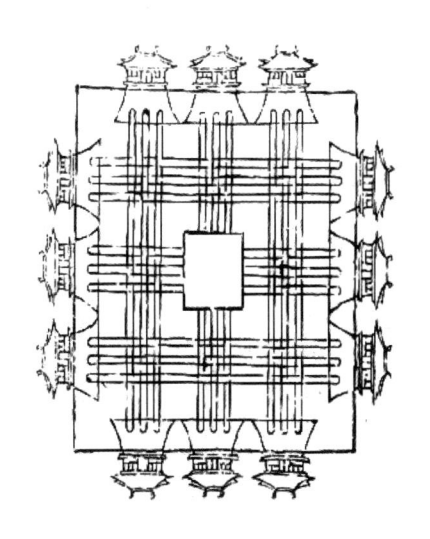

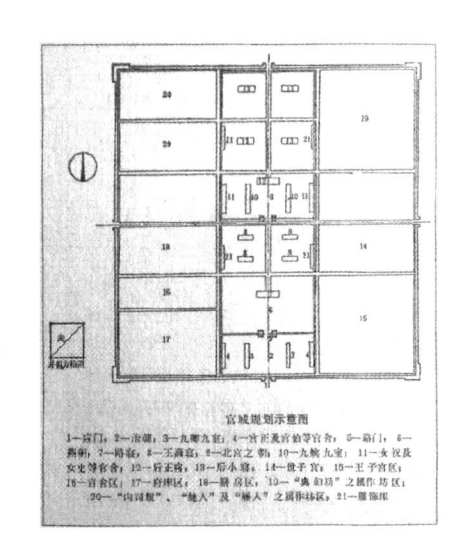

古代王城、宫城规划示意图

门阿之制，以为都城之制。宫隅之制，以为诸侯之城制。环涂以为诸侯经涂，野涂以为都经涂。

文选翻译

　　匠人营建都城，方圆九里，都城的四边每边三门。都城中有九条南北大道、九条东西大道，每条大道可容九辆车并行。王宫的路门外左边是宗庙，右边是社稷坛；王宫的路寝前面是朝，北宫的后面是市。每市和每朝各方圆百步。夏后氏的世室，堂前后深七步，宽是深的四倍，为二十八步。堂上四角和中央分布有五个室，每室四步见方，每边都有三个四步见方；每边都有四道墙，每道墙厚三尺，每边都有四个厚三尺。堂的四周有九层台阶。每室的四方各开一门，每门两旁有两窗相夹，用蛤灰把墙涂饰成白色。门堂是正堂的三分之二，堂后的室是正堂的三分之一。殷人的重屋，堂深七寻，堂高三尺，堂上有四注屋，四注屋上有重屋。周人的明堂，用长九尺的筵来量度，它的南堂东西宽九筵，南北深七筵，堂高一筵，共有五室，每室二筵见方。室中用几来度量，堂上用筵来度量，宫中用寻来度量，野地用步来度量，道路用车轨来度量。庙门的宽度可容七个大扃，闱门的宽度可容三个小扃，路门的宽度容不下五辆乘车并行，应门的宽度为三轨。路寝内有九室，九嫔居住在那里。路门外有九室，九卿在那里处理政事。把国事划分为九个方面，由九卿负责治理。王宫门屋屋脊的建制高五雉，宫墙四角浮思建制。高七雉，城墙四角浮思建制高九雉。城内南北大道宽九轨，环城大道宽七轨，野地大道宽五轨。用王宫门阿建制的高度，作为公和王子弟大都之城四角浮思高度的标准。用王宫宫墙四角浮思建制的高度，作为诸侯都城四角浮思高度的标准。用王都环城大道的宽度，作为诸侯都城中南北大道宽度的标准；用王畿野地大道的宽度，作为公和王子弟大都城中南北大道宽度的标准。

分享交流

读了本文，结合图形，我们好像看到了一座巍峨辉煌的皇宫建筑。里面对每条路、每间房、每堵墙的设计都非常仔细而且精准，符合居住者的门第和等级，符合当时的建筑风格、建筑条件和相关要求，符合居所的用途，既科学，又明确。由此我们也不得不佩服古人严谨的科学态度。

知识链接

官书

《考工记》是我国现知最早的官书。除此之外，古代各王朝也有关于建筑方面的官书。比如，唐代颁有《营缮令》，规定官吏和庶民房屋的形制等级。宋代颁有《营造法式》，为当时宫廷官府建筑制度材料和劳动日定额等的完整规范，属于古代建筑学专著。元代有《经世大典》，其中"工典"门分二十二个工种，与建筑有关者占半数以上，明代建筑等第制度多纳入《明会典》。另外，还有一些具体的规章，如《工部厂库须知》等。清代颁有《工部工程做法则例》，这是一部有关建筑的大型文献，内务府系统还有若干作则例，规定得非常详细。

课外拓展

1. 你能够根据上文的介绍，简单画出这座都城的大体模样吗？
2. 通过参观古齐国城址，验证一下本文的相关内容。
3. 古人严谨、科学的态度，对你有什么启发？

第28课　良弓

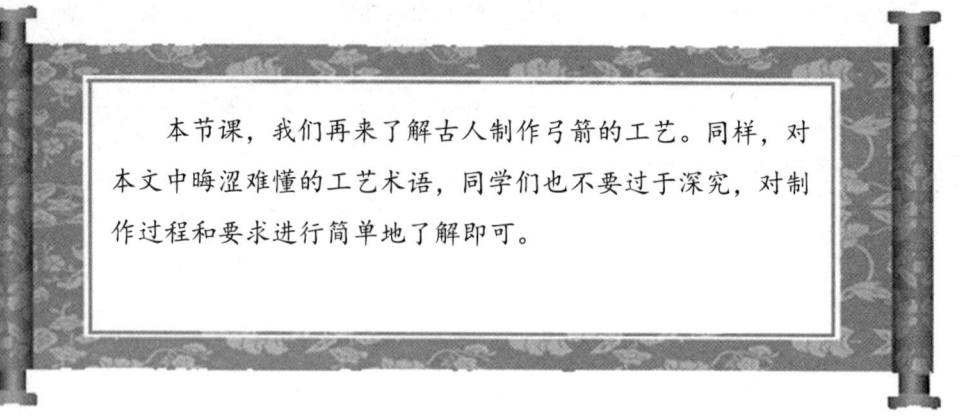

本节课，我们再来了解古人制作弓箭的工艺。同样，对本文中晦涩难懂的工艺术语，同学们也不要过于深究，对制作过程和要求进行简单地了解即可。

经典诵读

弓人为弓，取六材必以其时，六材既聚，巧者和之。干也者，以为远也；角也者，以为疾也；筋也者，以为深也；胶也者，以为和也；丝也者，以为固也；漆也者，以为受霜露也。凡相干，欲赤黑而阳声，赤黑则乡心，阳声则远根。凡析干，射远者用埶，射深者用直。凡相角，秋𠛬者厚，春𠛬薄，稚牛之角直而泽，老牛之角紾而昔。凡相胶，欲朱色而昔，昔也深，深瑕而泽，紾而抟廉。凡相筋，欲小简而长，大结而泽，则其为兽必剽，以为弓，则岂异于其兽，筋欲敝之敝，漆欲测，丝欲沈，得此主材之全，然后可以为良。

分享交流

《考工记》中专有"弓人为弓"一篇，对制弓技术作了详细的总结。举凡材料的采择、加工的方法、部件的性能及其组合，都有较详的要求和规定，对工艺上应避免的问题，也进行了分析。制弓以干、角、筋、胶、丝、漆，合称"六材"："干也者，以为远也；角也者，以为疾也；筋也者，以为深也；胶也者，以为和也；处也者，以为因也；漆也者，以为受霜露也。"

干，包括多种木材和竹材，用以制作弓臂的主体，多层叠合。干材的性能，对弓的性能起决定性的作用。干材以柘木为上，次有檀木、柞树等，竹为下。角，即动物角，制成薄片状，贴于弓臂的内侧（腹部）。制弓主用牛角，以本白、中青、末丰之角为佳；"角长二尺有五寸（约50厘米），三色不失理，谓之牛戴牛"，这是最佳的角材。筋，即动物的肌腱，贴博于弓臂的外侧（背部）。筋和角的作用都是增强弓臂的弹力，使箭射出时更加劲疾，中物更加深入。选筋要小者成条而长，大者圆匀润泽。胶，即动物胶，用以粘合干材和角筋。《考工记》中推荐鹿胶、马胶、牛胶、鼠胶、鱼胶、犀胶等六种胶。胶的制备方法一般是把兽皮和其他动物组织放在水里滚煮，或加少量石灰碱，然后过滤、蒸浓而成。丝，即丝线，将傅角被筋的弓管用丝线紧密缠绕，使之更为牢固。择丝须色泽光鲜，如在水中一样。漆，将制好的弓臂涂上漆，以防霜露湿气的侵蚀，而且要求择漆须色清。

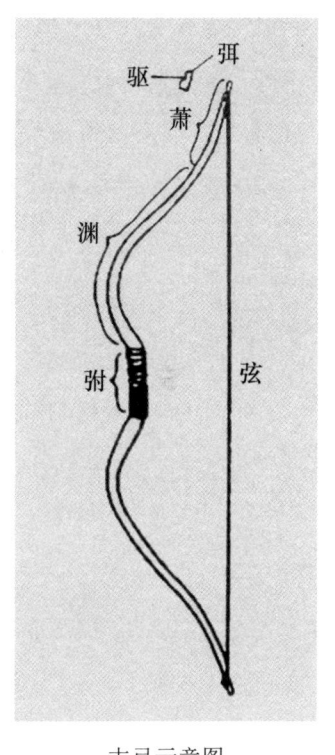

古弓示意图

中国古代不仅对制弓在才料的要求十分严格要求，对具体的工艺步骤也有细致的规定。"取六材必以其时，六材既聚，巧者和之。"冬天剖析弓干，春天治角，夏天治筋，秋天合拢诸材，寒冬时把弓臂置与弓匣之内定型，严冬极寒时修治外表。冬天剖析弓干木理自然平滑细密；春天治角，自然润泽和柔；夏天治筋，自然不会纠结；秋天合拢诸材，白然紧密；寒冬定弓体，张弓就不会变形；严冬极寒时胶、漆完全干固，故可修治外表。春天装上弓弦，再藏置一年，方可使用。上述繁复的工艺程序，需跨越两至三年时间。在制弓作坊中，由于各项工作可交错进行，流水作业，故每年都会有成批的成品，但就一张弓而言，其工时是无法缩短的。复合弓的制造代表了古代制弓术的高峰，世界上对复合弓制造的详细记载首见于《考工记》。在此后的两千年内，中国，或者说亚洲的复合弓制造技术制弓术与考工记相比没有什么本质上的变化。

课外拓展

1. 古代要制作一把良弓，需要几个方面的条件？

2. 良将需佩好弓。从史书、古代小说和民间传说中，你认识了哪几个弓箭手？他们都有怎样高超的技术？

3. 关于弓箭的成语、名句、典故有哪一些？举出一些来，并加以解释说明。

第八单元　齐国风尚

　　本单元，我们将主要讲述齐国、齐地风俗中的尚武崇智和尊贤尚功。关于齐国风俗，司马迁曾说："齐带山海，膏壤千里，宜桑麻，人民多文彩布帛鱼盐。临淄亦海岱之间一都会也。其俗宽缓阔达，而足智，好议论，地重，难动摇，怯于众斗，勇于持刺，故多劫人者，大国之风也。"班固则认为："太公治齐，修道术，尊贤智，赏有功，故至今其土多好经术，矜功名，舒缓阔达而足智。"另外，齐地的兵学盛行，成为齐地民俗重要的组成部分，也为齐地尚武崇智风俗的形成打下了基础。至于尊贤尚功，自姜太公立国以来，便是立国之纲，当然对日后齐国、齐地风俗的形成产生一定的影响。

中华传统文化

第29课　尚武崇智

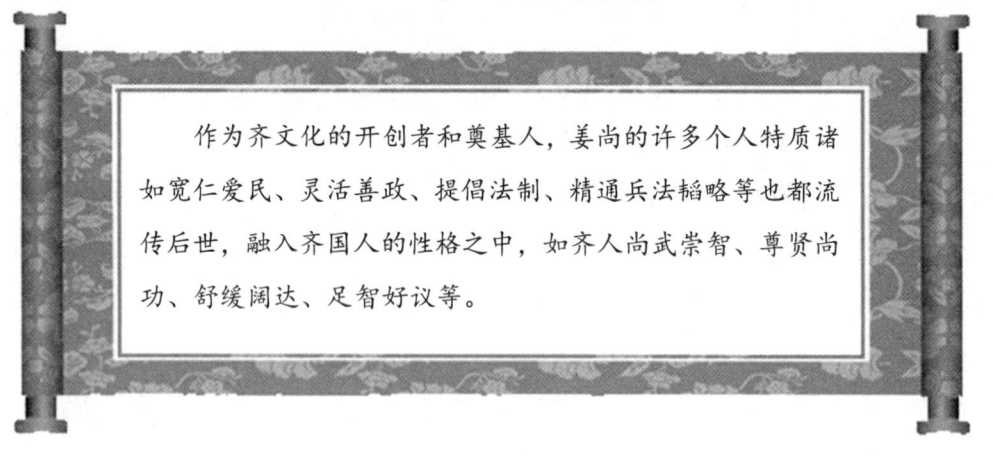

> 作为齐文化的开创者和奠基人，姜尚的许多个人特质诸如宽仁爱民、灵活善政、提倡法制、精通兵法韬略等也都流传后世，融入齐国人的性格之中，如齐人尚武崇智、尊贤尚功、舒缓阔达、足智好议等。

齐国具有尚武的传统，可以说，从姜太公开国以来就是如此。《史记》记载，姜太公辅佐周文王灭商，"其事多兵权与奇计，故后之言兵及周之阴权皆宗太公为本谋"（《史记》卷三十二《齐太公世家》）。

到齐桓公时，管仲对政治、经济，特别是军事进行改革，为齐国在军事上的强大打下了坚实的基础。他不仅辅佐齐桓公成为春秋时期第一个称霸诸侯的霸主，使齐国成为当时军事上的头等强国，成为春秋首霸，而且形成了全国上下的尚武精神，直到战国时代仍然如此。

由于受尚武思想的影响，齐国从国君到士兵，莫不以勇武为荣。"射"和"御"，是齐人首练的武技，主要用

孙子兵法城里的智字碑

116

于长距离的攻击,是军事活动的重要手段。齐人向来以"射"术和"御"术的高低为荣辱,这已成为一种社会风尚。要想出仕入相,为国家重用,首先必须练好这两门科目。

齐人崇智处世求真、求上。东汉史学家、文学家班固在其《白虎通性情》一书中对"智"一词有很好的阐释:"智者,知也,独见其闻,不惑于事,见微知著也。"意思是说,聪明的人,是善于察觉的人,对周围的所见所闻,有自己独到的见解,不被假象迷惑,在细小的环节中能看见(悟出)大道理。也就是说齐人拥有大智慧,推崇大智慧。齐国有名的田忌赛马的故事是有关"智"的典型例证。就技术而言,田忌所代表的一方明显技(马)不如人,然而其最终却能取胜,实为"智慧"之功效,又如,晏子使楚的故事也是"智"的典型例证,晏子出使楚国,面对种种刁难和挑衅,总能化被动与主动,也实为"智慧"之功效。

孙武生活的地方原属周太公望(即姜尚)的封地,他受封于齐后,享有征讨五侯九伯之权。太公望个人的经历、思想特点、周建国后担负的特殊使命等,使他非常重视军队和兵学理论。到齐桓公时,管仲实行军事改革,齐国的军事实力进一步增强,成为当时诸侯国的霸主,尊王攘夷,东征西讨,盛极一时,尚武崇智之风发展到鼎盛,并逐步形成了一种社会传统。据史书记载,齐人具有"宽缓阔达","好议论",讲义气、尚豪侠,能忍耐,争强胜等习俗特点,这是尚武文化中较低层次的内容在人们心理上积淀的反映。韩信说,齐人"伪

诈多变",并非完全无据,它从另一个侧面说明了齐文化的尚智特征。

孙武雕像

  这种文化是哺育优秀军事人才、创造先进军事理论的良好条件。《孙子兵法》就很好地说明了这一点。《孙子兵法》的作者孙武,不但受到这种文化的薰陶,而且还受到家庭军事文化深刻的影响,他成长为军事理论家具有得天独厚的条件。再加上孙武本人的天才和勤奋,著成《孙子兵法》就是理所当然的事情了。

  齐人尚武崇智,鲁人讲武而守义,这些优秀品质和人文精神对中华民族的文明与进步产生了巨大影响。著名文化史学家钱穆曾在中国历史精神中谈道,"山东人是中国标准人""是正统的中国人"。

知识链接

《孙子》

《孙子》也称《吴孙子》，又称《孙子兵法》，全书十三篇，近六千字。分为《计篇》《作战篇》《谋攻篇》《势篇》《虚实篇》《军争篇》《九变篇》《行军篇》《地形篇》《九地篇》《用间篇》。其内容丰富而深刻，对战争理论、战略战术、军队建设等方面都有精辟的论述。

吴宫教战

吴王阖闾要检验一下孙武的练兵本领，就让他操练后宫里边的一百多名宫女。于是孙武就把宫女分成两队，由吴王的两个宠姬分任队长，开始了列队练习。孙武向她们讲授步伐行止的规则，交代了号令的内容，并言明处罚的情况后，开始了正规的操练，但是宫女们闹哄哄笑个不停。把训练视为儿戏。孙武重新把动作、要求三令五申，并亲自击鼓传令。宫女们仍然笑闹不停。于是孙武就说，依军法，当斩队长之首。吴王忙为宠姬求情，但孙武不为所动，斩了两个宠姬，另任两个队长，接着操练。这下子宫女们一点错误也不敢犯了。孙武以"将在军，君命有所不受"而坚持了治军的严肃性，显示了兵家的风度。

分享交流

1. 你知道《孙子兵法》中有哪些计策？请上网或从书籍中查阅。

2. 找一找"田忌赛马"的故事，讲给别人听，可以适当进行联想和想像。

3. 根据历史史实，创编一出展示晏子智慧的小话剧（如《晏子使楚》等）。人物、情节、事件等可以适当的虚构，但不能违背历史史实。

中华传统文化

第30课　尊贤尚功

> 这是一个屡屡被人道及的传说：周初大分封之后，姜尚问周公姬旦："您怎样治理鲁国？""尊尊而亲亲。"姬旦道，又问姜尚："您如何来治理齐国？"姜尚直言相告："尊贤而尚功。"两个不同的回答，预示着齐、鲁两国在建国方针、治国策略上，从一开始就走上了两条不同的道路。

姜太公建立齐国以后，在政治上推行尊贤尚功的政策。就是选拔有才能的人做官，吸收大批当地东夷土著中的人才加入到齐国统治阶层，让他们在国家建设中发挥应有的作用。对通过考核符合选贤标准的人，不分亲疏，均用其所长，最大限度地发挥他们的积极性和创造性。这一用人路线，打破了西周以血缘关系为基础的"尊尊亲亲"的正统思想束缚，举贤任能，唯才是举。他的这一思想，堪称是商鞅、韩非等法家学派的启蒙老师，并被尊为"百家宗师"。

开国元君齐太公

姜太公把用人提升到事关国家兴亡的高度，还提出了"六守""八征""六不用"的人才理论。所谓"六守"，指的是仁、义、忠、信、勇、谋六个方面，这是姜太公选拔人才的标准；所谓"八征"，就是姜太公考察人才的八种方法，即通过交谈问话、辩论、财物诱惑、女色、处理危难艰险、喝酒饮宴等全面了解人才的品德、能力；所谓"六不用"，就是姜太公认为，有六种人不可任用：奸佞之徒、诈取名誉的人、假公济私者、互相拆台者、结党营私者、嫉贤妒能者。姜太公发现了人才使用的客观规律，开创了"尊贤尚功"的人才使用之先河，为后来齐国称霸称雄、位于列国之尊奠定了基础。可以说，"尊贤尚功"思想作为齐文化的精髓之一，为齐文化的形成与发展、强盛铺平了道路。

知识链接

太公尊贤

公元前1049年，周武王起兵，讨伐荒淫残暴的殷纣王。当时，文王已死，尚未安葬，伯夷、叔齐大声相谏："父死未葬而起干戈，能算得上仁孝吗？以臣伐君，算得上仁义吗？"左右见状，争欲兵器相加。太公劝止，说："他们是忠义之人，不可加害。"于是，命人将其搀扶而去。乍一看，姜太公正忙于他的事业，不愿浪费时间去与两位老朽争论，但是礼遇伯夷、叔齐，也与他一贯的尊重贤人的作风相吻合的。

牧野大战灭商盛周，姜太公立了首功，被封为齐国君主。一到封地，姜太公便广访贤士，靖乱安民。据传，有人向他推荐说："华氏兄弟，堪称最大的贤士。"姜太公问："怎么个贤法？"那人答："上不臣天子，下不友诸侯，自己掘井而饮，耕种而食，既有本领，而又淡泊名利，难道不是最大的贤士吗？"太公点头道："那好，就请他们到这里来吧。"华氏兄弟至，太公问："你二人，可曾是被推荐的那样？""那是当然。"华氏兄弟自豪地答。不料，太公把脸一沉，喝左右道："来呀，将此二人推出斩首！"武士上前，将华氏兄弟倒拖而出。众人大为不解，质问太公："为什么要杀掉贤士呢？"姜太公答："凡贤士，必须是肯为国出力，才为主所用。方今天下初定，我刚来到这里，正需要以爵禄为诱饵，驱使天下豪杰为我所用，而此二人的做派，与我的希望截然相反。假如人们都向他俩学习了，谁肯为我卖命？"于是，众心乃服。

太公斩司寇营汤

营汤巧言令色，对太公的政令缓办、慢行，对百姓暴戾，混血杀无辜。但他口才很好，能言善辩，且阳奉阴违，祸害百姓，太公多次劝诫仍然不思悔改。于是太公将其斩首。

太公斩司寇营汤图

分享交流

姜太公的"尊贤尚功"，是怎么回事？姜太公还有什么"尊贤尚功"的故事？在我们的班级，如何通过"尊贤尚功"来调动同学们的积极性？

活动探究　走进齐国风俗

　　赶庙会可以说得上是古齐国流传下来的一种风俗，其中以牛山庙会规模最大。在牛山的北边，有齐国贤相管仲之墓，后建有管仲纪念馆。西北方向有著名的"天齐渊"，还有"景公流涕处"等人文景观，自古就是人们敬天地、敬神灵、敬祖先的地方。从明清开始，牛山上就建有多处庙宇，香火旺盛，逐渐形成了传统的民间庙会。每年的农历三月三日和九月九日，都会连赶六天庙会。现在一般都为三天左右。20 世纪90 年代，随着管仲纪念馆的建设和景点的开发，牛山庙会演变成为规模更大的物资交流场所、文化艺术交流场所，每年都吸引大批游人前往，已成为当地的风俗。

一　活动探究内容和主题
本活动《走进齐同风俗》设计为"赶庙会，悟古今"。

二　活动目标
1. 了解牛山庙会的起源和特点，体会当地的风土人情。
2. 在活动中锻炼与人交往的能力。
3. 加深对本地经济发展、商业、贸易、民间艺术等内容的了解。
4. 探索：古齐国的强盛对现今本地经济的发展的影响。

三　活动准备
车辆；相机；纸、笔；其他用品。

四 活动步骤

1. 制订活动计划，进行活动准备。
2. 进入庙会现场，体验、观察庙会规模、大小、内容（如游览、祭拜、洒扫、贸易、文艺演出）等。
3. 采访当地居民和游客，了解其对此项活动的看法。
4. 游览管仲纪念馆、管仲墓、中国宰相馆、天齐渊等景点和建筑。获取相应的历史资料（包括文字、图片等）。
5. 写出活动探究报告。

五 注意事项

1. 活动期间（包括路途中），一定要注意安全。
2. 采访等活动，要请究礼貌，最好是事先征得被采访人的同意，不可贸然行事。
3. 注意公共卫生和公共道德，遵从当地的民风民俗。
4. 所有活动应围绕活动主题进行。

附1：周代齐国年表

（一）姜齐年表（公元前11世纪至公元前379年）

君　主	时间（公元前）	说　明
姜太公	1045—1015	在营丘建立齐国
丁公伋	1014—1010	太公长子
乙公得	1010—？	丁公弟
癸公慈母	？—？	乙公子
哀公不辰	？—867	癸公子
胡公静	866—859	哀公弟　迁都薄姑
献公山	859—851	胡公弟　复都营丘改名临淄
武公寿	850—825	献公子
厉公无忌	824—826	武公子
文公赤	815—804	厉公子
成公脱	803—795	文公子
庄公购	794—731	成公子，春秋小霸
僖公禄文	730—698	庄公子，春秋小霸
襄公诸儿	697—686	僖公子
公孙无知	686—685	襄公叔父子
桓公小白	685—63	襄公弟，春秋五霸第一

续表

君　主	时间（公元前）	说　明
无诡	643.12—642.2	桓公子
孝公昭	642—633	桓公子
昭公潘	632—613	桓公子
公子舍	613.5—613.10	昭公子
懿公商人	612—609	桓公子
惠公元	608—599	桓公子
顷公无野	598+582	惠公子
灵公环	581—554	顷公子
庄公光	553—548	灵公子
景公杵臼	547—490	庄公弟
晏孺子	489春—489.10	景公子
悼公阳生	488—485	景公子
简公壬	484—481	悼公子
平公骜	480—456	简公弟
宣公积	455—405	平公子
康公贷	404—379	宣公子。康公死，姜齐被田齐取代

（二）田齐年表（公元前386年至公元前221年）

君　主	时间（公元前）	说　明
太公和	386—384	田和为齐侯

续表

君　主	时间（公元前）	说　明
齐侯剡	383—375	太公田和子
醒公干	374—357	
威王因齐	356—320	桓公子　战国称雄
宣子辟疆	319—301	威王子
闵王地	300—284	宣王子
襄王法章	283—265	闵王子
齐王建	264—221	襄王子　被秦灭

附2：周代齐国历史大事记

时　　间	说　　明
公元前 1045 年	姜太公封于营丘（即今淄博市临淄区），建立齐国
公元前 866 年	齐胡公姜静把都城从营丘迁到了薄姑（今滨州市博兴县湖滨镇寨卞村北）
公元前 859 年	齐献公姜山复都营丘，将营丘改名为临淄
公元前 690 年	齐襄公姜诸儿灭掉纪国（都城在今寿光市纪台镇纪台村）
公元前 685 年	齐桓公姜小白即位
公元前 679 年	鄄地（今山东鄄城）会盟，齐桓公成为公认的霸主
公元前 672 年	陈完逃奔到了齐国。齐桓公任命他为工正，负责管理齐国的手工业
公元前 667 年	幽地会盟，周惠王的代表召伯廖以天子的名义，向齐桓公授予"侯伯"的头衔
公元前 664 年	齐桓公伐戎救燕
公元前 661 年、公元前 659 年	齐桓公两次伐狄救邢
公元前 660 年	齐桓公伐狄救卫
公元前 659 年	齐桓公伐楚，与楚订"召陵之盟"
公元前 651 年	葵丘（今河南省民权县或山东省鄄城县）会盟，标志着桓公的霸业达到顶峰
公元前 645 年	管仲病逝
公元前 643 年	齐桓公被饿死

续表

时　　间	说　　明
公元前 589 年	晋、鲁、曹、卫伐齐，双方在鞌（今济南附近）展开激战
公元前 567 年	齐灵公灭莱
公元前 523 年	齐景公伐莒，攻破纪鄣（今江苏省赣榆县东北）
公元前 517 年	鲁国内乱，鲁昭公投奔齐国。孔子来齐闻韶
公元前 481 年	田常兄弟逐杀监止、齐简公姜壬，立齐平公姜骜
公元前 386 年	田和正式成为齐侯，列名于周朝王室
公元前 379 年	齐康公姜贷死，姜氏齐国的历史结束
公元前 353 年	齐、魏桂陵之战，齐国大胜
公元前 341 年	齐、魏马陵之战，齐国大胜
公元前 334 年	徐州相王，齐威王称王称雄，齐国"最强于诸侯"
公元前 314 年	齐宣王命令匡章率军占领燕国
公元前 301 年	齐宣王命令匡章与魏将公孙喜、韩将暴鸢率领三国联军进攻楚国，在垂沙（今河南唐河境）杀得楚军大败
公元前 288 年	秦昭王与齐湣王共同称帝，秦昭王为西帝，而齐湣王为东帝
公元前 286 年	齐湣王灭宋
公元前 284 年	燕昭王任命乐毅为上将军，率领燕、赵、韩、魏、秦五国合纵攻齐。燕军攻破临淄，攻下齐国七十余城，仅剩下了即墨（今山东即墨北）和莒邑（今山东莒县）
公元前 279 年	田单在即墨火牛阵破燕，收复齐国被占领土，迎接齐襄王回临淄主政
公元前 221 年	秦王命令王贲率军击齐，齐王建投降，齐国灭亡

参考文献

1. 《齐国故都临淄》，中共临淄区委、临淄区民政府编，齐鲁书社出版。
2. 解维俊主编《齐文化研究系列丛书》，百花文艺出版社出版。
3. 《齐文化丛书》，本书编辑委员会编，齐鲁书社出版。
4. 郭墨兰、吕世忠编《齐文化研究》，齐鲁书社出版。
5. 《齐文化地方教材》，姜健编。
6. 网络（据不完全统计）：
   （1）中国社会科学网
   （2）百度文库
   （3）百度百科
   （4）齐鲁网
   （5）山东理工大学齐文化研究院网站
   （6）淄博时空新闻网
   （7）华夏经纬网
   （8）中华砺志网

编后语：

为落实教育部《完善中华优秀传统文化教育指导纲要》精神，由宋爱国同志倡导和发起，张成刚同志积极推进，组成了《中华传统文化——走进齐文化》编委会，编写了本书，旨在使广大中小学生通过对齐文化的学习和了解，感悟齐文化的丰富多彩和博大精深，激发热爱齐文化的情感，提高对齐文化的认同度，从而探究齐文化，发掘齐文化，弘扬和光大齐文化，共建中华民族文化的精神家园。

徐广福拟定《〈中华传统文化——走进齐文化〉编写大纲》，确立了编写的指导思想、编写的原则、编写的思路、编写的体例、编写的内容和编写的目录；李德刚、吴同德、于建磊负责分册编写的组织、统稿、审稿和修订工作；王鹏、朱奉强、许跃刚、李新彦多次组织相关会议，推动了本书的编写工作；各分册的编写人员尽心竭力，按时完成了编写任务。

本书在项目论证、具体编写、审稿修订的过程中，得到了社会各界的帮助。齐文化专家宣兆琦教授对本书的编写纲要提出了很好的意见和建议；临淄区齐文化研究中心、齐文化研究社鼎力相助，宋玉顺、王金智、姜建、姚素娟、王景甫、王本昌、王方诗、邵杰、胡学国、王毅等专家给予了热情指导和真诚帮助，在此表示衷心感谢！

我们还要感谢试用本书的广大师生和读者。限于时间和水平，本书难免会存在一些问题，希望在试用过程中，及时把意见和建议反馈给我们，以便我们进一步改进和优化，提高本书的内涵品质。

《中华传统文化——走进齐文化》编委会

2023 年 2 月